LE MASQUE
Collection de romans d'aventures
créée par
ALBERT PIGASSE

AIMEZ-VOUS LA PIZZA ?

Liste alphabétique complète des

Romans d'Exbrayat

(Masque et Club des Masques)

	Masque	Club des masques
Aimez-vous la pizza?	700	55
Amour et sparadrap	680	21
Les amoureux de Léningrad	1061	157
Les amours auvergnates	1001	506
Au " Trois Cassoulets "	1154	229
Avanti la musica	715	43
La balade de Jenny Plumpett	1481	
Barthélemy et sa colère	854	354
La belle Véronaise	1210	268
Les blondes et papa	727	126
Bye, bye, chérie	1330	562
Caroline sur son banc	1556	
Ce mort que nul n'aimait	625	133
Ces sacrées Florentines	1046	147
C'est pas Dieu possible	1308	544
Cet imbécile de Ludovic	674	85
Chant funèbre pour un gitan	1012	145
Le château des amours mortes	1608	595
Chewing-gum et spaghetti	665	12
Chianti et Coca Cola	897	33
Le clan Morembert	1098	520
Le colonel est retourné chez lui	875	170
Les dames du Creusot	904	398
Le dernier des salauds	958	454
Des amours compliquées	1457	591
Des demoiselles imprudentes	721	369
Des filles si tranquilles	1123	528
Deux enfants tristes	1423	555
Dors tranquille, Katherine	762	286
Les douceurs provinciales	1744	51
Elle avait trop de mémoire	583	27
En souvenir d'Alice	1469	564
Encore vous, Imogène?	753	118
Espion où es-tu? M'entends-tu?	1761	98
Et qu'ça saute!	1750	106
Félicité de la Croix-Rousse	1033	215
Les fiançailles d'Imogène	1176	197
Les filles de Folignazzaro	797	360
Fini de rire, fillette	1612	568
La haine est ma compagne	1634	593
L'honneur de Barberine	1741	
La honte de la famille	831	478

	Masque	Club des masques
Il faut chanter, Isabelle	992	498
Imogène est de retour	706	110
Imogène et la veuve blanche	1406	572
Imogène, vous êtes impossible	801	140
L'inspecteur mourra seul	638	19
J'aimais bien Rowena	1345	575
Joyeux Noël, Tony	1768	63
Ma belle Irlandaise	1719	
Mandolines et barbouzes	1805	80
Marie de nos vingt ans	1380	
Méfie-toi, Gone!	741	67
Les menteuses	1141	223
Les messieurs de Delft	839	312
Mets tes pantoufles, Romeo	1713	597
Mortimer, comment osez-vous?	969	294
Ne vous fâchez pas, Imogène	647	75
Le nez dans la luzerne	1597	
Notre Imogène	1070	165
La nuit de Santa Cruz	592	378
Olé! toréro	788	303
On se reverra, petite	824	47
Le petit fantôme de Canterbury	1392	
La petite fille à la fenêtre	1188	239
Plaies et bosses	919	59
Le plus beau des Bersagliers	779	88
La plus jolie des garces	1728	
Porridge et polenta	1291	345
Pour Belinda	975	393
Pour ses beaux yeux	1167	537
Pourquoi tuer le pépé?	1220	256
Le quadrille de Bologne	1821	102
Quand Mario reviendra	1240	318
Quel gâchis, inspecteur	814	39
Qui veut affoler Martine?	1278	336
Le quintette de Bergame	978	181
Le sage de Sauvenat	1667	
Sainte Crapule	1256	327
Le temps se gâte à Zakopane	1837	92
Ton amour et ma jeunesse	1227	247
Tout le monde l'aimait	1086	205
Trahisons en tout genre	1566	
Tu n'aurais pas dû, Marguerite	1430	585
Un bien bel homme	1116	277
Un cœur d'artichaut	1536	487
Un garçon sans malice	1782	
Un joli petit coin pour mourir	1020	190
Une brune aux yeux bleus	935	71
Une petite morte de rien du tout	893	414
Une ravissante idiote	1826	114
Une vieille tendresse	1645	
Vous auriez pas vu la Jeanne, des fois?	1755	
Vous manquez de tenue, Archibald	872	384
Vous souvenez-vous de Paco?	616	5
Le voyage inutile	925	441

Exbrayat

AIMEZ-VOUS LA PIZZA ?

Librairie des Champs-Élysées

CHAPITRE PREMIER

La famille Garofani ne se retrouvait au complet dans son logement du vicolo San Matteo que le soir. Durant la journée, seules Serafina Garofani et sa sœur Gelsomina Esposito restaient à la maison pour y préparer la pizza que Mario — le mari de Serafina — emporterait le lendemain matin dans sa camionnette-cuisine qui lui permettait de servir la marchandise toute chaude à sa nombreuse clientèle. Serafina pesait le poids respectable de cent quatre-vingt-cinq livres et comme elle était plutôt de taille courte, son volume — dans ces pièces surpeuplées — bloquait souvent la circulation. D'une humeur joyeuse, elle semblait n'être venue au monde que dans le seul but de préparer la pizza et de faire des enfants. Pour la pizza, Gelsomina lui donnait un coup de main ; pour les enfants, Mario partageait les responsabilités. En dépit de la graisse la déformant, la signora Garofani avait gardé des traits fins où ceux la connaissant de longue date retrouvaient sans effort la jolie fille d'autrefois. Vive, expansive, sans cesse encline à des colères flambant comme feux de paille,

Serafina emplissait le logement de ses rires et de ses cris. Quand, par hasard, elle était malade, son silence forcé gênait tout le monde. Lorsqu'elle se remettait sur pied, à sa première colère, chacun poussait un soupir de soulagement.

Gelsomina, de dix années plus jeune que sa sœur, était restée mince et jolie. Elle passait pour la plus belle femme du quartier. Malgré ses trente-trois ans, elle ne se fanait pas, prenant grand soin d'elle-même et veillant à ne point succomber à cette gourmandise qui avait perdu son aînée. Les deux sœurs s'entendaient bien.

Ses amis estimaient que si Mario Garofani avait vu le jour ailleurs qu'à Naples, c'eût été une erreur de l'Éternel car, Napolitain, il l'était de la tête aux pieds, le bon Mario! D'une taille moyenne, rondouillard, de figure poupine malgré une moustache noire et fournie qui tentait vainement de mettre un brin de férocité sur ce visage aimable, Garofani ne pouvait rien dire, rien expliquer sans prendre le ciel à témoin, sans invoquer la mémoire de ses parents, sans maudire son existence de damné, sans jurer qu'il allait incontinent se jeter dans le port si on continuait à lui tenir tête et tout cela dans une débauche de larmes, de gémissements, de sanglots et de gestes dont la vitesse d'exécution donnait le vertige. Une querelle entre Mario et Serafina atteignait à des proportions telles qu'elle constituait un régal de choix pour les amateurs. Dans le vieux Naples, chacun connaissait Garofani le marchand de pizza. On guettait sa venue dans les endroits où il avait accoutumé de s'arrêter, non seulement pour sa marchandise de belle qualité, mais aussi pour l'entendre raconter à sa manière les derniers potins. Ainsi Mario semblait une sorte d'aède de carrefour entré de son vivant dans la légende napolitaine.

Parmi les enfants, les plus jeunes, Benedetto, cinq ans, et Bruna, trois ans, restaient à la maison. Giuseppe, quatorze ans, et Pamela, douze ans, filaient vers le milieu de la matinée et ne rentraient qu'à la nuit avec, généralement, de l'argent dans les poches. Pour Alfredo, neuf ans, et Tosca, sept ans, ils ne partaient qu'au début de l'après-midi, la main dans la main, pour s'en aller mendier auprès des touristes rencontrés sur un parcours délimité par la mama une fois pour toutes. Ils avaient ordre de ne jamais se séparer sous quelque prétexte que ce soit, ordre appuyé de la menace d'une telle avalanche de gifles qu'il aurait fallu l'éternité pour les distribuer. Quant à Aldo et Lauretta, les deux aînés, ils étaient l'orgueil de leurs parents. Dans tout le vieux Naples, il eût été difficile de rencontrer un plus beau garçon et une plus jolie fille. A vingt-cinq ans, Aldo, avec ses grands yeux noirs, ses cheveux bouclés, sa taille fine faisait perdre la tête aux demoiselles qui avaient le malheur de l'écouter et s'affirmait la terreur de toutes les mères de la vieille ville. D'une intelligence vive, il était réputé pouvoir mener à bien n'importe quelle tâche pour si délicate qu'elle fût, mais, à la vérité, personne n'en savait pratiquement, rien, car Aldo avait horreur du travail. Il estimait que si Dieu avait voulu qu'il devînt un tâcheron, il n'aurait pas permis qu'il vît le jour à Naples. Flânant à longueur de journée à travers sa ville, les mains dans les poches, le nez au vent, il finissait toujours par gagner le port où il rejoignait des garçons de sa sorte, attendant tous sans impatience que l'Éternel leur donnât la preuve quotidienne de sa bienveillance en leur envoyant des touristes dont ils tireraient les quelques lires suffisant à leur subsistance.

Lauretta, qui comptait dix-huit printemps, vivait avec son mari, Giovanni Pellizzari, âgé de vingt-quatre ans. Ils étaient mariés depuis un an. Elle gagnait sa quote-part du revenu familial en vendant des citronnades au jardin public. Quant à Giovanni, il exerçait le même métier — si l'on peut dire — qu'Aldo et tirait ses ressources des étrangers pilotés dans Naples et de mille autres petites occupations pas toujours très respectueuses de la loi.

Rocco Esposito — le mari de Gelsomina — semblait plutôt grand pour un Napolitain. Il eût passé pour bavard s'il n'eût vécu aux côtés de Mario. Ayant hérité d'un ancêtre piémontais le goût du bricolage et de son père une tendance irrépressible à la paresse, il tentait de concilier ses inclinaisons opposées en fabriquant des « souvenirs » de Naples — hideux et bon marché — qu'il proposait aux étrangers lui paraissant de sens artistique peu développé. Il adorait sa Gelsomina dont il se désespérait de n'avoir pas d'enfant.

Dino Garofani, le frère cadet de Mario, tranchait avec le reste de la famille. Mesurant près d'un mètre quatre-vingts, sec comme un coup de trique, il parlait rarement, et lorsqu'il s'y décidait, c'était toujours pour donner un avis qui se révélait excellent. Travailleur acharné, il faisait son métier de pêcheur avec entêtement. Il voulait devenir, sinon riche, du moins un homme ayant des économies, ce que les autres ne comprenaient pas. Dino menait une existence à part. Son état l'obligeant à se lever tôt, il lui fallait se coucher de bonne heure et, en définitive, on ne le voyait guère qu'au repas du soir. On aimait bien Dino, mais il faisait un peu peur. Au surplus, il n'avait jamais pris femme et les hommes disaient que cela tenait tant à son égoïsme qu'à sa passion de l'indépendance. Serafina, plus romantique, chuchotait qu'il y avait un secret dans la vie de son beau-frère qui demeurait fidèle à un amour ancien. Mais jamais personne ne s'était risqué à interroger Dino dont les rares colères sans cris épouvantaient.

Cependant, en dépit d'une promiscuité que rien n'atténuait jamais, tout ce petit monde, entassé dans quatre pièces et une cuisine, vivait dans la plus complète harmonie et l'on ne se rappelait pas une querelle de quelque importance depuis celle, fameuse, qui avait préludé au mariage de Lauretta et de Giovanni.

Une quinzaine de mois plus tôt, des commères de San Matteo avaient averti Serafina que sa fille fréquentait depuis un certain temps Giovanni Pellizzari. Si la signora Garofani montrait la plus totale indulgence quant aux frasques de son fils aîné, elle se montrait, par contre, intraitable en ce qui concernait la réputation de Lauretta. Alertée, elle épia sa fille et la vit, en effet, rejoindre Giovanni et l'embrasser d'une façon telle que la mama comprit que sa petite n'avait plus grand-chose à perdre dans cette aventure. Elle en eut les sangs retournés. Elle rentra chez elle en proie à une fureur d'autant plus grave qu'elle était muette. Lorsque Lauretta, en arrivant, lui tendit la joue pour le baiser du soir, elle commença par lui administrer une telle paire de claques que la jeune fille en tomba sur le derrière la bouche ouverte sur un cri que la stupéfaction empêchait de jaillir. Les autres, qui n'étaient pas au courant, après un instant d'incrédulité, voulurent s'interposer, mais Serafina fit front.

— Vous prendriez son parti contre moi ? Vous la soutiendriez, cette sans honte ? Une fille que j'ai élevée comme une madone et qui me déshonore ? Vous êtes donc tous aussi pourris qu'elle ?

Même Mario ne trouva rien à répliquer. Lauretta pleurait à gros sanglots et les petits, voyant pleurer leur sœur, l'imitèrent. Mais il en aurait fallu davantage pour arrêter Serafina. Elle releva sa fille, la força à s'asseoir et, la dominant de sa masse que la colère secouait, hurla :

— Alors, maudite ! Tu vas te décider à parler ? Où en es-tu avec ce Giovanni ?

— Je... je l'aime...

— Sainte Mère de Dieu ! Entendre des choses pareilles ! Mais qu'est-ce que tu y connais à l'amour, malheureuse ? Une perdue, voilà ce que tu es ! Et si tu me dis pas la vérité vraie, je t'étrangle là, devant tout le monde! Tu es sa maîtresse à ce voyou?

— Oui...

Serafina eut un hoquet de désespoir. Elle se tourna vers le reste de la famille.

— Mais, par saint Janvier, qu'est-ce que vous attendez pour me retenir? Vous voyez pas que je suis sur le point de la massacrer?

Ils se précipitèrent. On l'apaisa, on la cajola, on la plaignit, on l'embrassa, on la dorlota et on lui fit boire une goutte de grappa qu'on réservait pour les malades. Dans un coin, Aldo tremblait de rage. Giovanni l'avait trahi... Que le garçon ait aimé Lauretta, c'était normal, car Aldo se rendait bien compte de la beauté de sa sœur, mais que Giovanni ne l'ait pas pris pour confident lui apparaissait comme un abus de confiance, une insulte dont son honneur exigeait qu'il tirât vengeance au plus vite. Se détachant du mur où il s'appuyait, il annonça :

— Je vais m'expliquer avec Giovanni...

Lauretta poussa un cri de terreur, supplia son frère de ne pas faire de mal à celui qu'elle aimait, reçut une nouvelle gifle maternelle sans y prêter attention, jura qu'elle se suiciderait et piqua une telle crise que les autres membres de la famille eurent peur. Oubliant d'un coup sa colère, Serafina prit sa fille dans ses bras et l'installa sur ses genoux comme autrefois.

— Là... là... mon ange du Bon Dieu... ma Laurettina... ma petite à moi. Tu veux donc la voir mourir ta mama que tu parles de te tuer?... Tu y tiens donc tant que ça à cette fripouille de Giovanni? Eh bien! tu l'auras! Là... tu es contente?

— Oh! oui... Mais, lui...

— Quoi?... Lui?

— Il pense pas à se marier...

Il y eut un silence gros d'orage. Toutefois au lieu des cris qu'on attendait, la *signora* Garofani dit doucement :

— Moi, je crois que si, surtout quand je lui aurai parlé.

Paola Pellizzari servait la soupe à son mari Ugo et à son fils Giovanni lorsque, suspendant son geste, elle prêta l'oreille. On entendait une rumeur de foule dans l'escalier. Elle murmura :

— Qu'est-ce qui se passe?

Ugo, un charpentier du port, usé par le travail et le chagrin d'avoir un fils comme Giovanni, ne s'intéressait plus à grand-chose dans la vie. Il voulut conseiller à sa femme de s'occuper plutôt de son repas, mais il n'en eut pas le temps car la porte s'ouvrait devant Serafina qu'accompagnaient Mario, Aldo, Dino et Rocco. Ugo se leva :

— Ce sont des drôles de manières...

La signora Garofani s'approcha, menaçante :

— Et me déshonorer ma fille, c'en est pas des drôles de manières?

Ugo regarda son fils qui n'en menait pas large et avec lassitude, il demanda :

— Encore toi, hein?

Les hommes du clan Garofani, muets, affolaient

la pauvre Paola qui ne se sentait même pas la force de crier. Ugo poussa un soupir :

— Arrangez-vous avec lui...

Serafina empoigna Giovanni par le devant de sa chemise et le mit debout :

— Alors, voyou, crapule, bon à rien, fainéant, tu me la demandes la main de Lauretta ?

Le garçon qui rêvait d'un départ en Amérique ne tenait pas du tout à se marier :

— Écoutez-moi, signora...

— Justement, on est là pour t'écouter !

Ugo s'était remis à manger sa soupe pour bien montrer qu'il se désintéressait de la question.

— Je suis encore trop jeune pour me marier...

Une gifle lancée à toute volée lui ferma la bouche et lui mit du sang aux lèvres.

— Et pour en faire ta maîtresse, t'étais pas trop jeune, des fois ?

Giovanni qui n'avait pas beaucoup de volonté capitula :

— C'est bon, je la marierai, Lauretta...

Ils repartirent en bon ordre, mais, auparavant, Ugo tint à préciser sa pensée :

— Je pense pas que vous faites une bonne affaire !

L'indomptable Serafina répliqua :

— Vous mettez pas en peine, Pellizzari. Il marchera droit ; j'y veillerai !

— Alors, je peux que vous remercier de nous en débarrasser !

On les maria deux mois plus tard et Lauretta s'installa avec son mari dans la maison du vicolo San Matteo.

Un soir de juillet, au moment où Lauretta et Pamela s'apprêtaient à desservir la table familiale, Mario Garofani commanda :

— Lauretta, tu iras coucher les gosses et tu veilleras à ce qu'ils reviennent pas nous embêter. J'ai à parler...

Une telle solennité vibrait dans ce « J'ai à parler » que Pamela et Giuseppe n'eurent pas l'audace de protester contre l'injustice les rangeant parmi les enfants. Ils se consolèrent en constatant que leur aînée, Lauretta, quoique mariée, se trouvait également écartée. Dino, qui s'apprêtait à regagner sa soupente, suspendit le geste qu'il esquissait et alluma une cigarette. Lorsque le petit monde eut disparu, Mario annonça :

— J'ai pas voulu que les gamins entendent parce que c'est grave et... et dangereux...

Si dans tout Italien il y a un comédien qui sommeille, on peut dire que dans chaque Napolitain, il est bien réveillé. Serafina qui ne se laissait plus prendre à ces manières protesta :

— Tu fais le guignol ou quoi, Mario ?]

Garofani eut un ricanement où vibrait l'amertume de tous les incompris du monde. Il prit l'assistance à témoin :

— Voilà une femme qui me connaît depuis près de trente ans... une femme pour qui je me tue au travail... une femme à qui j'ai donné la preuve de mon estime en lui faisant huit enfants et qui, au moment où je lui annonce une nouvelle qui me bouleverse, me demande si je suis pas un guignol...

Tenez, si je me retenais pas, j'irais me noyer tout de suite, tant la vie me pèse!

Serafina avait beau savoir que son mari ne pensait pas un mot de ce qu'il disait, elle ne pouvait empêcher les larmes de lui monter aux yeux. Moins sensible, Rocco suggéra :

— Retiens-toi, Mario, et raconte-nous...

Il leur jeta un coup d'œil rapide et, constatant qu'ils étaient tous attentifs, il daigna oublier l'intempestive interruption de sa femme.

— Il y en a de plus malheureux que nous, mais il y en a bien davantage qui sont plus heureux et, souvent, je me dis : pourquoi qu'on ferait pas partie des heureux? On la sue notre misère, pas vrai? Pourtant, ça me plairait de payer un loyer important pour qu'on soit plus au large, d'offrir aux femmes un fourneau neuf avec un four électrique pour la pizza, une barque à moteur à Dino, un atelier à Rocco, un triporteur Vespa à Lauretta... A Giovanni et à Aldo...

On ne devait jamais apprendre ce que Mario comptait offrir aux garçons, car Dino grogna :

— Je me lève de bonne heure, Mario... et j'ai passé l'âge d'entendre des contes de fées.

— Il s'agit pas d'un conte de fées!

L'attention redoubla autour de lui. Content de son effet, Garofani baissa la voix au point qu'elle devint un murmure et ils durent se pencher pour l'entendre.

— Vous ignorez pas qu'il y a longtemps que je souhaite travailler pour eux?

Ils ne comprirent pas tout de suite et Gelsomina, plus impulsive, s'enquit :

— Qui ça, eux ?

Dans un souffle, Mario lança :

— Les Signori...

Ils se figèrent sur leur siège. Les Signori...! Ils savaient vaguement que ces inconnus puissants dirigeaient une sorte de maffia contre laquelle la police s'avouait impuissante. Ils savaient encore que les Signori ne pardonnaient jamais une trahison et que personne ne connaissait ceux qu'ils employaient. Dans le silence, Garofani reprit :

— J'existais pas à leurs yeux... Trop petit, trop pauvre... Et voilà qu'ils ont justement besoin de gens comme nous... De gens auxquels on prête pas attention... Il s'agirait d'assurer un transport... Cinquante millions de diamants à emmener à Gênes...

Gelsomina gémit :

— Cinquante millions de lires...

— Sur lesquels on toucherait 2 %... Un million de lires! Tu vois que c'est pas un conte de fées, Dino ? Les Signori craignant les gares et les routes, ils ont pensé que deux pauvres gars qui s'en iraient à Gênes pour faire les maçons et qui voyageraient à bord d'un cargo, payant leur passage en donnant un coup de main à l'équipage éveilleraient pas l'attention. Ils emporteraient les diamants et aussi une lettre d'une entreprise gênoise acceptant leurs offres de service. Comme ça, même la police pourrait pas se méfier d'eux... Ah! ils sont forts les Sigvori, et malins! A Gênes, les garçons rencontreraient deux hommes dans un endroit qu'on désignerait. A ces deux types, on demanderait : « Aimez-vous la pizza ? » et s'ils répondaient : « Seulement celle qu'on mange chez Mafalda à Capo di Monte », alors on leur remettrait les diamants et, en échange, ils donneraient quelque chose à rapporter ici. Je sais pas encore quoi. Après, ça serait fini et on toucherait le million... C'est Costantino Garazzi, le cordonnier du vico Canale, qui leur a parlé de nous. Un vrai copain, celui-là. Qu'est-ce que vous en dites ?

Ils n'en disaient rien. Éblouis par les chiffres, eux qui n'avaient jamais vu plus de quelques milliers de lires à la fois, ils essayaient de se représenter ce que ça faisait un million de lires. Rocco interrogea :

— Et qui irait à Gênes ?

— J'ai pensé que toi et Dino vous feriez l'affaire ?

Rocco n'hésita pas.

— Pour moi, c'est d'accord ; et toi, Dino ?

Le pêcheur se leva. A tous, il parut plus grand et plus sec que d'habitude.

— Non. Je vends honnêtement des poissons que je pêche honnêtement. Les diamants m'intéressent pas, les Signori non plus. Bonsoir...

Il sortit et ils l'écoutèrent grimper dans sa tanière, sous le toit. Le bruit de son pas au-dessus de leurs têtes leur résonnait dans le cœur. Gêné, Mario eut un rire faux.

— Dino, il a jamais eu les idées comme tout le monde...

Gelsomina n'était pas de cet avis. Elle le dit :

— C'est quelqu'un de bien, Dino. Il va son chemin sans rien demander à personne. Moi, je crois qu'il a raison Les diamants, c'est pas pour nous... C'est pas honnête.

Rocco se fâcha tout rouge.

— Qu'est-ce que ça veut dire honnête, imbécile ? Et crever de faim, c'est honnête ? Mais il suffit que Dino parle pour que tu l'approuves !

Mario tapa sur la table :

— Ça suffit, Rocco ! Tu déraillles ! Je connais Dino depuis plus longtemps que toi. Il a toujours eu sa tête... On se passera de lui... mais l'insulte pas, t'as pas le droit, ni Gelsomina... surtout devant tous... Qui remplacera Dino ?

Giovanni et Aldo se proposèrent. Garofani choisit son fils.

— T'es encore trop nouveau dans la famille, Giovanni, tu comprends ?

Et ce soir-là, sauf Dino et les enfants, ils s'endormirent tous en rêvant de leur fortune prochaine.

Dès qu'il ouvrait l'œil, Aldo commençait par remercier le Bon Dieu de ne l'avoir pas fait mourir dans la nuit. Ensuite, dans le silence de la maison, il tendait l'oreille pour écouter la respiration de ses trois cadets — Giuseppe, Alfredo et Benedetto — qui partageaient sa chambre. Rassuré, il se levait, enjambait avec précaution les paillasses où dormaient les gamins, se glissait dans la pièce où reposaient ses parents en compagnie des trois fillettes — Pamela, Tosca et Bruna — et, prenant soin de ne pas faire grincer la porte, pénétrait dans la vaste cuisine. Sur la table centrale s'étalait la pizza préparée la veille par Serafina et la tante Gelsomina. Puisant un peu d'eau dans le seau réservé à cet effet, Aldo se débarbouillait très vite tout en épiant les bruits de la maison. A travers la porte — face à celle par laquelle il était entré dans la cuisine — venait le ronflement puissant de l'oncle Rocco. Avant de sortir, Aldo laissait un message pour Giovanni qui logeait avec Lauretta dans la dernière chambre, à la suite de celle occupée par Rocco et Gelsomina.

Vêtu d'un pantalon de toile, le torse recouvert d'un maillot de coton à manches courtes, Aldo, sur le seuil de la maison du vicolo San Matteo, s'étirait, respirait largement et se mettait à rire, heureux d'avoir vingt-cinq ans et de vivre à Naples, cette ville merveilleuse que Dieu — dans un moment d'euphorie — donna à ses enfants de prédilection, les Napolitains. Ce rire était la manière d'Aldo d'adresser une action de grâce matinale à l'Éternel. Bien qu'on fût en juillet, ces premières heures étaient encore fraîches.

En traversant le vico della Trofa, Aldo salua Italo Sachetti, un maigre aux yeux jaunes que son foie ne laissait plus guère en repos et qui avait toujours des réveils pénibles. Son métier de cafetier le tuait, mais trop paresseux pour en changer, Italo acceptait de finir d'une cirrhose alcoolique à l'hôpital Jesus-Maria envers lequel il ne manquait pas de se montrer généreux en prévision du jour où on l'y mènerait mourir. Sachetti ne retrouvait son équilibre qu'au moment de l'apéritif. Pour l'instant, il balayait le trottoir, s'interrompant dans sa besogne pour cracher avec dégoût. Après chacune de ses expectorations, il demeurait quelques secondes pensif, comme s'il dressait de sinistres bilans.

— Salut, Italo!... Ça va?

Le cafetier releva la tête.

— Ah! c'est toi... Ça va pas... Je crache amer...

Et, hargneux, il ajouta :

— Mais tu t'en fous, hein? D'ailleurs, tout le monde s'en fout! Le mal des autres intéresse personne...

Sachetti se trouvant dans un de ses mauvais jours, Aldo comprit qu'il valait mieux ne pas insister.

— Si la Madone me favorise, je paierai la tournée ce soir.

— La Madone...

Le doute, le mépris, la pitié, le découragement résonnaient dans la façon dont Italo prononçait le nom de la Sainte Mère. Quelle confiance pouvait-il avoir dans l'influence de l'Immaculée qui lui refusait un tout petit miracle de rien du tout : lui redonner un foie en bon état?

— Qu'est-ce que ça lui coûterait, dis, à la Madone, de s'arranger pour que tout ce que je bois me ravage pas les tripes? J'y en ai pourtant brûlé des cierges, mais Ils doivent avoir leurs têtes, là-haut...

— Allons, allons, Sachetti, tu penses pas ce que tu racontes!

— Bien sûr que je le pense pas, c'est manière de causer... Je vais même y porter un cierge de trente lires tout à l'heure... Peut-être qu'elle finira par m'écouter ? C'est tout de même pas un gros effort que je lui demande !

Aldo n'aimait guère rencontrer Italo au début de la journée, car le cafetier était de ceux qui vous font douter de la douceur de l'existence. Plongé dans ses réflexions, Garofani aperçut Fiorella trop tard pour pouvoir l'éviter. Une belle fille brune à la poitrine aguicheuse, selon la mode des stars de Rome, et qui ramenait chez elle une corbeille de fleurs pour composer des bouquets qu'elle irait vendre dans la journée, tout au long de la Riviera di Chiaia, aux étrangers et aux amoureux.

— Aldo... ! C'est pas moi que tu cherches, par hasard ?

— Je suis heureux de te rencontrer, Fiorella.

— Te fatigue pas, va... Tu m'aimes plus, je le sais.

— C'est-à-dire, ma colombe, que...

— Tais-toi, Aldo, tu mentirais encore. J'ai eu tort d'avoir confiance. C'est bien fait pour moi.

Quel poison, cette fille, avec sa mine de chien battu ! Il aurait préféré qu'elle criât, qu'elle l'injuriât...

— Je t'ai jamais rien promis, Fiorella ?

— A quoi ça aurait servi puisque je t'aimais et que je me figurais que tu m'aimais ? Il fallait que je te demande un papier, peut-être ?

— Sois raisonnable, Fiorella. Restons de bons amis. L'amour, ça peut pas durer toujours...

— Je veux pas être ton amie et j'espère bien qu'une autre te fera endurer ce que j'endure!

Il la regarda s'éloigner. Elle était gentille, Fiorella, mais, quoi? A vingt-cinq ans, il n'allait pas se laisser mettre la corde au cou! Aldo repartit, maussade. Italo, Fiorella, à croire qu'ils s'étaient donné le mot pour lui gâcher sa bonne humeur.

Dans le vico San Mattia, Aldo salua la signora Spaniera qui, aidée de sa fille Caterina, triait les tomates qu'elle disposait en pyramides régulières sur sa voiture à bras. La signora Spaniera était une maîtresse femme qui avait perdu son mari à la guerre. Elle connaissait Aldo depuis sa naissance et bien qu'elle se moquât sans cesse de lui, le jeune homme la trouvait sympathique.

— Le signor Garofani serait-il tombé du lit pour être dehors de si bon matin?

— Je serais pas tombé de bien haut, car mon lit a pas de pieds!

— Et tu préfères vivre dans la crasse plutôt que de travailler?

— Mais je travaille!

— Ah! si tu étais mon fils!

— A vous regarder, personne voudrait croire que je serais votre fils, mais votre amoureux, oui!

— Tais-toi, bandit! Je suis trop vieille pour me laisser prendre à tes compliments... Dépêche-toi Caterina, au lieu de contempler ce bon à rien... Tu dors ou quoi? Je vais te réveiller, moi!

C'est vrai que la petite le regardait avec des yeux où Aldo crut discerner autre chose que de l'amusement. Elle était rudement jolie, la Caterina...

Il lui sourit. Elle lui rendit son sourire. La mère s'en aperçut.

— Allez! Décampe, Aldo, et en vitesse! T'avise surtout pas de venir tourner autour de Caterina, sans ça je t'estropie pour le reste de tes jours, compris?

— Vous seriez pourtant une belle-mère comme j'aimerais en avoir une!

Le garçon, en se baissant, évita de justesse la tomate trop mûre que la signora Spaniera lui expédiait avec vigueur et qui, s'écrasant sur le trottoir, y mit une tache écarlate. Il s'éloigna, riant de toutes ses dents, tandis que son adversaire lui adressait la joyeuse litanie des plus étonnants jurons napolitains. Tandis qu'il descendait vers le port, Aldo — sûr de lui — se disait que la Spaniera pourrait bien faire tout ce qui lui passerait par la tête, elle n'empêcherait pas Caterina, le moment venu, de tomber, comme toutes les autres, dans ses bras. Mais, pour l'instant, il n'en éprouvait nulle envie, car il avait le cœur plein d'Orsola.

Ainsi que tous les matins, Orsola l'attendait devant Santa Anna di Palazzo. Elle n'était pas particulièrement jolie, Orsola, et souvent, Aldo se demandait ce qui, en elle, l'attirait. Peut-être cette pudeur qu'il ne parvenait pas à vaincre? Au début, il avait regimbé devant cette manie de la jeune fille de l'entraîner à l'intérieur de l'église, de l'obliger à s'agenouiller sous le regard de sainte Anne qu'Orsola tenait à prendre pour protectrice de ses amours encore chastes. Parce qu'il n'avait jamais connu de défaite, il ne venait pas à l'esprit d'Aldo qu'il pût échouer avec Orsola. Elle se figurait qu'il l'épouserait et il ne faisait rien pour dissiper ses illusions. Il y tenait à Orsola, sa vanité piquée au jeu. Il ne réalisait pas qu'autrui pût attacher à l'amour plus d'importance que lui-même. Chaque matin, en apercevant la silhouette menue d'Orsola, son cœur s'emplissait d'une chaude tendresse.

— *Orsola mia... amor mio!*

Elle le contempla.

— Tu as pensé à moi, cette nuit?

— Bien sûr!

Il n'en était pas à un mensonge près. Elle lui prit la main.

— Viens...

Une fois de plus, il dut s'agenouiller devant sainte Anne. Il examina sa compagne qui priait avec ferveur. Il en éprouvait un certain malaise, car il se doutait que sainte Anne voyait bien ce qui se passait dans l'esprit du garçon et elle ne devait pas être tellement contente. La religion d'Aldo se tenait assez près de la superstition pour qu'il pût craindre de voir la sainte se livrer à quelque miracle pour éclairer Orsola sur le compte de son amoureux.

Quand les deux jeunes gens se retrouvèrent dehors, ils échangèrent encore promesses et serments, mais lorsqu'Aldo voulut embrasser Orsola, celle-ci se déroba :

— Après que tu auras demandé ma main à mon père...

Or, le papa d'Orsola remplissait les fonctions de douanier. Un homme très à cheval sur les principes. Un fonctionnaire. Même dans l'hypothèse où Aldo eût voulu se conduire correctement, il était à penser que le douanier aurait répondu que sa fille ne serait jamais la femme d'un fainéant traînant dans les rues à longueur de journée et incapable d'exercer un métier honnête. Pauvre Orsola qui vivait dans un rêve...

Orsola quittée après qu'on eût convenu d'un prochain rendez-vous, Aldo gagna le port. Il y repéra tout de suite un trio de touristes matinaux qui paraissaient désorientés. Il crut d'abord qu'il s'agissait d'Anglais, puis opta pour des Allemands ou des Hollandais. Il s'approcha, tendit l'oreille pour reconnaître les inflexions étrangères et, se décidant, un éclatant sourire aux lèvres, il offrit ses services :

— *Wollen Sie die Stadt besuchen ?*

A force de guider ceux-ci et ceux-là, Aldo baragouinait un peu d'anglais, de français et d'allemand. Les Hollandais — car c'était des Hollandais — heureux de rencontrer quelqu'un parlant un langage qu'ils comprenaient, acceptèrent. On se mit vite d'accord sur le prix et, content de savoir sa journée assurée, Aldo entraîna ses Bataves à la découverte de Naples.

Bien loin de là, dans sa petite chambre claire de Somerville College, Audrey Farrington se levait. Non point qu'elle fût une passionnée des réveils matinaux, mais parce que, pour elle, cette journée devait être décisive. Assise sur son lit, elle contemplait, le cœur un peu serré, le décor où elle venait de passer trois années — trois années qu'elle savait devoir regretter toute sa vie comme une sorte de paradis perdu — et sourit au sévère visage de Dante Alighieri et à celui, pas plus aimable, de Savonarole qui mettaient sur les murs de la pièce une note d'italianisme rehaussé par un panorama en couleurs de Fiesole. D'aussi loin qu'elle se le rappelait, Audrey se découvrait une passion pour l'Italie. Ses premiers héros s'étaient appelés Laurent le Magnifique, Sforza, Raphaële. Dès qu'elle fut en âge de se choisir un chemin, elle avertit son père — l'Honorable Douglas Farrington — qu'il ne fallait absolument pas compter la voir entrer dans son étude. Elle entendait pousser le plus loin possible ses études d'italien afin de pouvoir, un jour, enseigner la langue de Pétrarque au Cheltenham Ladies'College ou à la Roedan School for Girls, établissements privés de vieux renom et qui lui plaisaient. Douglas Farrington s'inclina devant la volonté de sa fille. La maman d'Audrey, Lucy Farrington, fut plus difficile à convaincre car, pour elle, l'Italie n'était peuplée que de malandrins à escopette et de joueurs de mandoline, les uns et les autres fort dangereux pour la santé et la vertu d'une jeune miss élevée dans la saine tradition. Admise au Somerville College d'Oxford, Audrey travailla avec un enthousiasme qui surprit et charma son professeur d'italien, Eric Obson. Trois années de suite, Miss Farrington passa ses vacances à Rome, Florence et Milan. Elle parlait aussi bien l'italien que si elle avait vu le jour dans un palais romain.

Debout sur sa descente de lit, dans sa longue robe de nuit rapportée de Florence, Audrey ressemblait à la jeune Anglaise qui sourit aux joies de l'hygiène parfumée sur les flacons et boîtes de lavande Yardley. Elle en possédait la bouche bien dessinée, le teint éclatant, le cheveu blond cendré et les yeux merveilleusement ombragés. Miss Farrington justifiait ce truisme, voulant que lorsque les Britanniques se mettent à être belles, il y a peu de femmes au monde pour rivaliser avec elles. S'ils se l'étaient permis, tous les étudiants d'Oxford eussent été amoureux d'Audrey. Mais la fille de Douglas et de Lucy Farrington prêtait peu d'attention aux garçons, ses contemporains. Trop absorbée par ses études pour perdre son temps à flirter, elle ne songeait guère à l'amour ou alors comme à un phénomène disparu de la surface de la terre, du moins sous l'aspect qui lui semblait le seul valable : la passion de Dante pour Béatrice, de Pétrarque pour Laure. Pour ce qui regardait la future place dans la société de Miss Farrington, Alan était là. A dire vrai, Audrey envisageait sans enthousiasme son mariage avec Alan Raston, le jeune associé de son père, mais autant lui qu'un autre, puisque, de toute façon, il n'était pas possible d'épouser un condottière ou un poète du moyen âge italien... et puis, les Farrington et les Raston s'affirmaient d'accord depuis si longtemps quant à l'avenir matrimonial de leurs enfants qu'il eût été scandaleux de s'y opposer. Heureusement, le mariage ne serait pas pour tout de suite. Le programme d'Audrey, arrêté de longue date, la voyait, ses examens passés, enseigner pendant quatre ou cinq ans avant d'épouser Alan, avec qui elle formerait un ménage paisible dont l'union serait basée sur une estime réciproque.

Miss Farrington se pencha à la fenêtre pour s'emplir une dernière fois les yeux du spectacle reposant de la cour d'honneur de Somerville College au gazon si parfaitement entretenu. Elle aperçut Tucks, le jardinier, qui plantait des boutures de géranium. Malborough — le chat rhumatisant — traversa péniblement une plate-bande pour s'installer dans un rayon de soleil. Tout ici respirait une quiétude, un calme faisant de ce collège un îlot préservé qu'Audrey devrait quitter aujourd'hui même, qu'elle ait ou non obtenu son « Schools ». Tout en s'habillant, la jeune fille revivait ses interrogations de la veille. Il lui semblait que, dans l'ensemble, elle avait été plutôt bien. On connaîtrait les résultats des délibérations du jury un peu avant midi. Audrey, qui redoutait cette attente, décida d'aller se promener dans Oxford et de ne revenir au collège que lorsque tout serait terminé. Elle réussit à descendre dans la cour sans attirer l'attention, et gagna le jardin botanique où elle demeura jusqu'à onze heures.

A peine avait-elle franchi le porche de Somerville College que toutes ses compagnes guettant son retour lui firent une ovation et Audrey, tiraillée à droite et à gauche, embrassée, fut presque portée jusque devant le panneau où s'étalait la décision du jury : Miss Farrington avait été jugée digne de recevoir le diplôme de *Bacheler of Arts, Honour*

School of Modern Languages Italian and Spanish, classe I.

La lauréate avait réservé sa dernière visite pour Eric Obson. Ayant pris congé de ses maîtres et de ses camarades, ses bagages transportés dans le taxi qui l'emmènerait à la gare pour prendre le train de Londres — ses parents et Alan prévenus par téléphone de son succès et de son arrivée — elle alla frapper à la porte de son professeur d'italien, Eric Obson, un homme grand et maigre, aux cheveux gris, toujours vêtu de vêtements de tweed trop larges, qui la reçut avec une affectueuse gentillesse.

— Contente, Audrey ?

— C'est à vous que je dois cette réussite...

— A vous d'abord, non ? Alors qu'avez-vous décidé pour la rentrée ?

— Encore une année à Londres pour obtenir mon Dip. Ed. et puis Cheltenham, je pense.

— Vous avez raison, le Gloucestershire est un pays charmant. Vous rentrez à Londres maintenant ?

— Pour une semaine. Ensuite, je pars pour Gênes.

— Vous avez de la chance d'aller en Italie. Tâchez donc de vous rendre à Naples. Cela en vaut la peine.

Elle rit.

— Voir Naples et mourir, n'est-ce pas ?

— On n'en meurt pas toujours, Audrey... Ce serait trop facile...

Son ton amer la surprit. Il le remarqua.

— Une vieille histoire que j'ai peut-être eu tort de ne pas pousser jusqu'au bout. En tout cas, je plaindrais ceux qui seraient capables de vivre à Naples sans en être bouleversés... et vous êtes trop parfaitement équilibrée, Miss Farrington, pour que Naples parvienne, le cas échéant, à exercer sur vous ses merveilleux maléfices...

Vous avez l'air de le regretter?

— Peut-être... Voyez-vous, Audrey, il y a des blessures qui, lorsqu'on y survit, donnent un sens à l'existence.

— Des blessures ? Quel sens peuvent-elles donner à la vie, sinon le regret ?

— Justement, mon petit, justement...

Alan Raston attendait Audrey à la gare de Paddington. Il l'embrassa très correctement, la félicita de son succès et lui annonça la date exacte du départ du bateau *Duke of Lancaster* qui devait emmener Audrey, Alan et la mère de ce dernier, Eileen, à Gênes. Tout, en somme, se déroulait selon les plans établis. D'ailleurs, avec Alan, il n'y avait jamais de surprise.

Raston déposa sa fiancée à la porte de ses parents dans Kensington. Lorsqu'elle fut seule, Audrey poussa un soupir de délivrance. Alan était bien gentil, mais il distillait l'ennui.

Lucy Farrington prit sa fille dans ses bras, la couvrit de baisers, l'appela son petit baby chéri, lui demanda si elle avait froid, faim, mal en quelque endroit de sa personne et, rassurée par les réponses de son enfant, elle conclut :

— Vous avez remporté un succès magnifique, Audrey! J'ai téléphoné à Priscilla Olmery et elle m'a appris que cette classe I était fort rare...

— Assez rare, oui, mummy...

— Vous êtes une fille extraordinaire, Audrey! Je crains que, désormais, vous ne méprisiez votre pauvre sotte de mère!

— Oh! mummy! Comment osez-vous dire des mots pareils?

Ce fut là un nouveau prétexte à embrassades, larmes, rires et, finalement, Lucy entraîna sa fille au living-room où le thé était servi. Malgré la fortune de son mari, Lucy demeurait une femme simple, restée un peu enfant mais qui, la cinquantaine venue, pouvait encore — bien qu'elle eût un léger embonpoint et des cheveux blancs — grâce à son visage poupin, ses fossettes et ses yeux bleus, passer pour une de ces éternelles jeunes filles dont les pays anglo-saxons ont la spécialité.

— Audrey, ma chérie, avez-vous vu Alan?

— Il m'attendait à la gare.

Il y eut un court silence, puis Mrs Farrington, prenant la main de sa fille, demanda :

— Audrey... pourquoi voulez-vous épouser Alan?

— Mais, mummy, n'est-ce pas convenu depuis longtemps?

— Vous l'aimez?

— Mon Dieu...

— Non, vous ne l'aimez pas! Vous ne pouvez pas l'aimer, Audrey! Il est presque aussi ennuyeux que votre père, bien qu'il soit beaucoup plus jeune!

— Mummy...

— Bien sûr, je ne devrais pas vous raconter tout cela, mais je voudrais tant que vous, au moins, ne soyez pas malheureuse...

C'était la première fois que Lucy Farrington se laissait aller à ce genre de confidences. Audrey en fut bouleversée. Elle se leva et vint s'agenouiller aux pieds de sa mère et Douglas Farrington choisit ce moment pour entrer.

— Voilà un tableau bien touchant! Vous reste-t-il encore un peu de tendresse, Audrey, pour votre père qui est si flatté de votre réussite?

A cinquante-huit ans, Douglas Farrington demeurait ce qu'on est convenu d'appeler un bel homme. Dirigeant une importante étude d'avoué dans le Strand, il paraissait — dans son maintien, dans son élocution — incarner la Loi. Gardien vigilant du Code et de ses applications, il votait conservateur par goût et par devoir. Il inspirait le respect, mais non la sympathie. On avait confiance en lui, mais nul ne se serait avisé de l'aimer.

Après qu'Audrey eut embrassé son père, celui-ci se versa un doigt de sherry tout en demandant :

— Que pense-t-on des futures élections à Oxford?

— A dire vrai, on ne s'en soucie guère!

— Vous me permettrez de le regretter... Enfin, heureusement que nos conservateurs vont encore enlever la décision haut la main!

— Voire!

Surpris, Douglas manqua s'étrangler avec son sherry.

— Dois-je comprendre, Lucy, que vous ne partagez pas mon opinion?

— Vous savez très bien, Douglas, que je vote travailliste!

— Hélas!... Si l'on s'en doutait, cela pourrait me faire du tort. Mais enfin, ma chère, pourquoi diable votez-vous pour ces gens-là?

— Par fidélité.

— Je ne saisis pas?

— Autrefois, Douglas, quand vous n'étiez ni aussi riche, ni aussi solennel, ni aussi ennuyeuxi vous votiez travailliste. Eh bien, moi, je continue par fidélité à l'homme que vous avez été et que j'ai aimé!

Sur ces mots, Lucy se leva et quitta la pièce. Gêné, Douglas appela sa fille à la rescousse :

— Vous y comprenez quelque chose, Audrey?

— Moi, ça n'a pas d'importance, père, mais que vous, vous ne compreniez pas que mummy est malheureuse, c'est plus grave...

CHAPITRE II

Sauf Dino, à qui l'on battait froid depuis son refus de participer à l'expédition gênoise, toute la famille avait tenu à accompagner Rocco et Aldo jusqu'au port. Il était rare que la tribu des Garofani pût sortir au complet. Le capitaine du cargo, en voyant arriver tous ces gens, se demanda s'il s'agissait de l'avant-garde de la population napolitaine subitement et tout entière décidée à émigrer. Puis, après s'être renseigné, il admira l'astuce des Signori. Quel policier, même le plus soupçonneux de la péninsule, supposerait que ces femmes pleurant le départ de deux des membres du clan, que ces hommes bourdonnant de cris, de prières et de recommandations, que ces gosses galopant entre les cordages travaillaient en marge de la loi ? Le capitaine en aima davantage encore ses compatriotes, cependant il se força à ne pas se montrer plus aimable que d'habitude avec Aldo et Rocco, de crainte d'être surveillé. Mais, au vrai, les Garofani ne se jouaient pas la comédie. Emportés par leur imagination, ils ne prévoyaient plus de terme à cette absence et ils se lamentaient en conséquence.

Le cordonnier, Costantino Garazzi, caché derrière une camionnette, observait la scène pour rédiger un rapport scrupuleux. Rassuré, il se félicita de son choix en la personne de Mario. Sur le cargo, le maître d'équipage lança un coup de sifflet appelant les hommes aux manœuvres d'appareillage. Du haut de la passerelle, le capitaine cria vers Aldo et Rocco :

— Vous montez ou vous ne montez pas? Il faudrait tout de même pas prendre mon cargo pour un taxi!

On dut se séparer. La mama mangea son garçon de baisers bruyants. Lauretta sanglotait. Gelsomina se cramponnait à son mari comme si elle voulait l'empêcher de partir. Mario prononçait un discours que personne n'écoutait, mais les flâneurs du quai formaient une assistance compréhensive. Enfin, Aldo s'arracha aux bras de sa mère et grimpa la passerelle. Serafina hurla :

— Tu m'écriras toutes les semaines, bambino mio, si tu ne veux pas apprendre ma mort!

Elle ne se rappelait plus qu'il devait revenir huit jours plus tard.

Ni Aldo, ni Rocco n'avaient jamais quitté Naples. Pourquoi s'éloignerait-on de cet endroit béni de Dieu? Le capitaine les ayant affectés à de légers travaux, ils pouvaient goûter de merveilleuses heures de farniente. Étendus à même le pont, la tête sur des rouleaux de cordage, ils savouraient ce plaisir essentiellement napolitain : ne rien faire et laisser le soleil vous dorer la peau.

Aldo s'entendait bien avec Rocco. Souvent même, il le prenait pour confident et l'oncle, tandis que le cargo passait au large d'Anzio, interrogea son neveu :

— Maintenant qu'on aura de l'argent... tu te marieras la Fiorella ?

Avant de répondre, Aldo cracha soigneusement par-dessus le bastingage pourtant assez éloigné, mais il témoignait d'une grande habileté à cet exercice pratiqué par tous les voyous de Naples.

— Fiorella, elle me casse les pieds, si tu veux savoir, Rocco.

L'oncle rit et, secouant la tête :

— T'es pas encore décidé à t'arrêter, à ce que je vois, hein, Aldo ?

— Les filles, j'en ai marre...

— On dit ça et puis, un jour, il y en a une qui vous met le grappin dessus...

Aldo pensa à Orsola. Lui mettrait-elle vraiment le grappin dessus ? Il commençait à en avoir peur. Rocco continuait :

— Moi, dès que j'ai vu Gelsomina, j'ai su que c'était fini des autres, et j'ai pas eu tort... C'est quelqu'un de bien, ma Gelsomina, une brave femme et tout...

— T'as eu de la chance, Rocco... On peut pas dire le contraire. C'est pas pareil pour tout le monde, pas vrai ? Et moi, je me demande si au lieu de penser au mariage, quand on aura touché notre part, je ferais pas mieux de m'acheter une barque comme Dino... C'est un métier pénible, mais on est libre sur la mer et puis, les touristes, je commence à en être dégoûté...

Rocco ne répondit pas tout de suite et quand il le fit, ce fut sur un ton qui intrigua son compagnon.

— Tu as beaucoup d'estime pour Dino, hein, Aldo ?

— C'est un homme...

— Et pourquoi il se marie pas ?

— J'en sais rien. Peut-être qu'il tient pas à perdre sa liberté ?

— A moins qu'il s'intéresse aux femmes des autres ?

Surpris, le garçon regarda le visage fermé de son oncle.

— Voilà une drôle d'idée !

— Pas si drôle que ça ! Pour tout t'expliquer Aldo, j'aime pas la manière dont il observe Gelsomina quand il croit qu'on le voit pas ?

— Tu vas quand même pas dire... ?

— Je dis rien du tout, sauf que ça me plaît pas... Enfin, quoi, c'est pas normal ce type qui vit seul ?... Et puis, t'as pas remarqué que dans les discussions, Gelsomina finit toujours par lui donner raison ?

— C'est qu'il a souvent raison.

— Ça se peut, mais une femme qui se respecte doit être de l'avis de son mari !

Aldo s'inquiéta. Il n'avait jamais vu Rocco montrer une telle mauvaise humeur, un pareil entêtement. Il en eut de la peine.

— Fais pas l'imbécile, Rocco. Tu te montes la tête sans raison et tu risques de tout ficher en l'air pour du vent !

— Je m'en fous ! Je peux plus supporter ça !

Pour commencer, avec l'argent qu'on va avoir, on ira habiter chez la veuve Sandrotti, dans la via Croci, une chambre et une cuisine... Au moins, on sera chez nous et on y recevra qui on voudra!

Audrey — contrairement à ce qu'elle s'imaginait à Londres — s'ennuyait mortellement sur le *Duke of Lancaster*. Alan ne la quittait pas d'une semelle et ne cessait de l'entretenir de problèmes de droit qui l'assommaient ou d'aperçus géographiques qui l'assoupissaient. Dès qu'elle réussissait à échapper à son fiancé, elle tombait sous la coupe de Mrs Raston qui passait son temps à la mettre en garde contre les mauvaises fréquentations ou à lui vanter les mérites de son fils. Eileen Raston, âgée d'une cinquantaine d'années, ressemblait, en dépit de sa distinction appliquée, à un horse-guard qui, pour amuser ses camarades (si tant est qu'un horse-guard soit porté à la plaisanterie) se serait habillé en femme. Aux escales, elle louait un fiacre et promenait les fiancés dans les endroits convenables. Au repas du soir, toujours pris sur le navire pour des raisons d'économie bien comprise, elle critiquait tout ce qu'ils avaient vu dans la journée, le comparant aux habitudes anglaises, les meilleures du monde ainsi que chacun sait. En se retirant dans sa cabine, Audrey maudissait la faiblesse qu'elle avait eue d'accepter ce voyage en commun. A l'escale de Cadix, elle n'y tint plus. Elle s'entendit secrètement avec des compatriotes de son âge et, sitôt la passerelle amenée, elle débarqua sans se préoccuper d'Alan et de sa mère.

Elle vécut une journée merveilleuse, mangeant dans un petit café des quartiers populaires — ce qui eût horrifié Mrs Raston — et ne regagna le navire que lorsque la sirène, eut, pour la troisième et dernière fois, averti les retardataires qu'on les laisserait sur la terre d'Espagne s'ils ne se hâtaient pas de rejoindre le bord. A peine Audrey pénétrait-elle dans sa cabine que Mrs Raston l'y rejoignit.

— Eh bien, Audrey, que vous est-il arrivé ?

— Rien que d'agréable... Je me suis merveilleusement amusée.

— Sans Alan ?

— Mon Dieu, oui...

Mrs Raston parut déconcertée. Sans doute s'attendait-elle à des excuses, à des remords. Elle montra de l'humeur.

— Avec qui étiez-vous ?

— Des gens que vous ne connaissez pas, je pense.

La désinvolture de la jeune fille exaspéra Eileen.

— Enfin, Audrey, vous ne semblez pas vous rendre compte que votre conduite n'est pas celle qu'on pourrait attendre d'une fiancée ?

Miss Farrington, abandonnant les vêtements qu'elle rangeait, se retourna :

— Entendons-nous bien, madame Raston, et une fois pour toutes, s'il vous plaît. J'ai vingt-trois ans et j'estime être seule autorisée à juger de ma conduite. J'ai l'intention de me promener le plus souvent possible quand il me conviendra et avec qui il me plaira. Alan peut agir de même, cela ne me gêne pas. Mais qu'il soit bien convenu que tant que je ne serai pas mariée, je ne permettrai à personne de se mêler de mes affaires. Et maintenant, je vous serais obligée de me laisser pour que je puisse me changer...

Lorsque leur cargo entra dans le port de Gênes, Aldo et Rocco s'émerveillèrent du paysage offert. Sous leurs yeux, un énorme navire glissa lentement. Au passage, ils lurent son nom *Duke of Lancaster*. Les douaniers ne se montrèrent pas tellement vigilants, les policiers non plus et quelques instants après leur arrivée, Aldo et son oncle purent prendre congé du capitaine qui leur souhaita bonne chance. On leur avait retenu une chambre à l'Albergo Blanco, dans la salita del Prione. Le temps leur durait de se débarrasser des diamants et de recevoir le chapelet de nacre qu'on leur donnerait en échange. Ils le rapporteraient à Naples pour montrer qu'ils avaient bien rempli leur mission. Ce chapelet valait un million de lires. C'était le capitaine qui leur avait appris la nature de l'objet que les inconnus rencontrés devaient leur confier après réception des diamants à vingt-trois heures, à la piazza Nino Bixio. Mais comme Aldo et Rocco remettaient leur clé au bureau de l'hôtel avant d'aller dîner, on les avertit que si leur rendez-vous demeurait fixé à vingt-trois heures, il aurait lieu non plus à la piazza Nino Bixio, mais à la Viletta di Negro, près de la porte donnant sur la piazza Corvetto.

En sortant du restaurant, l'oncle et le neveu allumèrent une cigarette et, dans la nuit lumineuse, se mirent en route pour gagner, sans se presser, l'endroit où on les attendait. Ils allaient du pas paisible du promeneur et se sentaient presque devenus des touristes. Ainsi, ils atteignirent la piazza de Ferrari, remontèrent la via Roma qui les amena à la piazza Corvetto où Aldo admira l'allure martiale de Victor Emmanuel II. A vingt-trois heures, ils abandonnèrent le défunt roi pour entrer dans les jardins de la Viletta di Negro. En approchant du musée d'archéologie, ils aperçurent deux silhouettes qui se détachaient de l'ombre des arbres et s'avançaient dans leur direction. Quand ils furent plus près, ils remarquèrent qu'ils avaient les bords de leur chapeau rabattus sur le visage et en dépit de la douceur de la nuit la figure enfouie dans des foulards de teinte neutre. Ils ne tenaient certainement pas à être reconnus et Aldo, sans en parler à l'oncle, en fut gêné. Arrivés à la hauteur des Napolitains, l'un d'eux murmura :

— Bonsoir...

Aldo se rendit compte que ce type essayait de dissimuler sa voix. L'inquiétude commençait à sourdre en lui sans qu'il sût trop à quoi l'attribuer. Instinctivement, il se laissa distancer de quelques mètres. Il entendit Rocco répondre :

— Bonsoir... Aimez-vous la pizza ?

Aldo retint sa respiration, mais on répliqua calmement :

— Seulement celle qu'on mange chez Mafalda, à Capo di Monte.

Soulagé, l'oncle tendit la ceinture qui renfermait les diamants (et qu'il avait ôtée au restaurant pour la glisser dans sa poche) au Gênois qui la prit en disant merci. Aldo remarqua alors dans le mouvement qu'il fit, une cicatrice profonde sur la joue de cet homme.

— Bon retour et saluez Santa Lucia de notre part!

Déjà, ils s'éloignaient lorsque Rocco les rattrapa :

— Hé! dites donc, les gars... vous oubliez de me remettre ce que je dois rapporter?

Aldo aurait été incapable de dire pour quelles raisons il ne rejoignit pas son oncle. Cloué sur place, les nerfs crispés, il vivait dans l'attente d'il ne savait quoi. L'un des hommes ricana :

— Tu pouvais te débiner tranquille, mais il a fallu que tu fasses du zèle, hein?

Ahuri par cette insolence, Rocco protesta :

— Non, mais, en voilà des manières! Pour qui vous vous prenez, vous autres, Gênois?

Aldo voulut crier pour rappeler son oncle près de lui. Il savait que cela allait tourner mal, tout en ne comprenant rien au déroulement des événements. Il n'en eut pas le temps. Le plus grand des deux hommes dit :

— Tu vas être servi, pauvre couillon...

Et, d'un geste rapide, il enfonça un couteau dans la poitrine de Rocco qui, frappé au cœur, tomba la tête en avant. Aldo, pétrifié, n'ajoutait pas foi à la réalité de ce qu'il venait de voir. Il n'admettait pas que Rocco ait pu mourir sous ses yeux. Mais quand les inconnus s'élancèrent vers lui, l'instinct de conservation fut le plus fort et sans même qu'il eût conscience de les commander, ses jambes se raffermirent et, d'un bond de chat, il échappa à ses agresseurs qui le poursuivirent. Il crut d'abord qu'il les distancerait, mais en débouchant sur la piazza Corvetto, un faux pas le déséquilibra et il roula au sol. A peine se relevait-il qu'ils étaient sur lui. Il parvint à esquiver le premier coup de couteau qui ne fit que lui égratigner l'avant-bras, mais le second agresseur le frappa à son tour. Vif, nerveux, Aldo réussit encore à amortir le coup et la lame glissa le long de ses côtes. C'est alors qu'il se rendit compte qu'il était perdu, qu'il allait mourir comme Rocco.

Les Raston et Miss Farrington étaient descendus à l'hôtel de Gênes, piazza de Ferrari. Mrs Raston, qui battait froid à Audrey, argua des fatigues du voyage pour remonter dans sa chambre sitôt après le dîner. Alan, tenant à reconquérir les bonnes grâces de sa fiancée, lui proposa une promenade au clair de lune. Cet élan aussi romantique qu'imprévu l'amusa et elle accepta. Raston l'emmena le long de la via Roma. Parvenus à la piazza Corvetto, ils admirèrent l'extraordinaire paysage nocturne et Alan prit tendrement Audrey par le bras. Émue par la douceur de l'air, par sa joie de se retrouver en Italie, Miss Farrington allait poser sa tête sur l'épaule de son compagnon lorsqu'ils aperçurent un homme sortant en courant de la Villetta di Negro, suivi de près par deux poursuivants. Avant qu'ils ne fussent revenus de leur surprise, l'étrange trio se dirigea vers eux, qui dissimulés dans l'ombre, demeuraient invisibles. Ils assistèrent à la chute d'Aldo, puis à l'attaque menée contre lui. Lorsque Garofani tomba sur les genoux, Audrey hurla et Alan, jaillissant de l'obscurité, se jeta courageusement sur les agresseurs qui, surpris, hésitèrent. Un coup de sifflet faisant écho au cri d'Audrey les convainquit qu'avec la police il valait mieux disparaître et ils s'enfuirent en courant vers la Villetta di Negro où ils échappèrent aux regards. Miss Farrington se pencha sur le blessé et, n'en croyant pas ses yeux, elle vit un garçon qui ressemblait à ses héros secrets du Quattrocento. Il était beau et jeune. Le sang souillant sa chemise lui donnait une allure plus pathétique encore. Aldo regarda le visage d'Audrey si près du sien et murmura :

— La Madonna...

Il referma les paupières, un sourire heureux sur les lèvres. Bouleversée d'être prise pour la Madone par ce jeune homme qui allait peut-être mourir, Audrey caressa d'une main maternelle la joue mouillée de larmes. L'Italien ouvrit de nouveau les yeux pour dire avec ferveur :

— Je vous attendais... Je vous aime...

Bien qu'elle sût que cet aveu s'adressait à une autre, elle en fut remuée. Un agent de police survint, s'agenouilla près d'Audrey et, à la lueur de sa lampe électrique, examina superficiellement le blessé.

— Il ne semble pas que ce soit bien grave... Vous le connaissez ?

— Non ; mon fiancé et moi l'avons vu sortir

du jardin, là, en face, en courant, poursuivi par deux hommes qui essayaient de le tuer. Alors, j'ai crié quand il est tombé et Alan s'est précipité sur eux.

— Vous lui avez sans doute sauvé la vie, signorina. Je vais téléphoner pour appeler une ambulance, car il ne faudrait pas le laisser saigner trop longtemps...

L'agent partit et Audrey glissa sa main sous la nuque du garçon.

— Souffrez-vous?

— Pas trop.

— Comment vous appelez-vous?

— Aldo... Aldo Garofani. Je suis pas mort?

— Heureusement que non.

— Mais alors... vous êtes pas la Madonna...?

— Hélas! non.

— Vous êtes aussi belle que la Sainte Mère, pourtant...

A cet instant, Alan, que ce dialogue en une langue qu'il ne connaissait pas énervait — et ce d'autant plus que la douceur de l'inflexion des voix ne lui échappait pas — intervint :

— Que raconte-t-il, Audrey?

— Rien... Il divague un peu.

Pour ne pas voir Raston, Aldo ferma les yeux.

— Audrey... je me souviendrai... toute ma vie...

Alan insista :

— Mais ne vient-il pas de prononcer votre nom?

Miss Farrington détesta subitement Raston pour sa lourdeur et son obstination à tenter de s'immiscer dans une scène qui — sans qu'il en pût prendre conscience — se déroulait hors du temps. Elle fut sur le moment de se laisser aller à un éclat, mais l'ambulance, en arrivant, l'arracha à l'espèce de songe où elle vivait. Les infirmiers installèrent le blessé dans la voiture. Voulant se rendre compte s'il était bien, Audrey monta près d'Aldo et une fois encore se pencha sur lui :

— Ça va ?

Il sourit.

— Je t'aime, Madonna mia...

Elle se recula vivement, persuadée que tout le monde avait entendu et, presque malgré elle, interrogea le policier qui prenait place auprès du blessé :

— Où l'emmenez-vous ?

— A l'hôpital Sant'Andrea, signorina.

Lorsqu'ils furent de nouveau seuls, dans le silence nocturne retrouvé, Alan voulut reprendre le dialogue si fâcheusement interrompu, mais il était trop tard. Audrey ne pouvait plus entendre que la voix tendre de ce joli garçon qui la comparaît à la Madone et lui chuchotait qu'il l'aimait. Alan s'énervait de constater que sa compagne ne l'écoutait pas et comme, une fois encore, elle laissait une de ses questions sans réponse, il demanda sèchement :

— Mais, enfin, Audrey, où êtes-vous ?

— Pardon ?

— Depuis que nous avons tiré ce jeune voyou d'un mauvais pas, vous me semblez absente ?

— Et qui vous permet de dire que ce garçon est un voyou ?

— Comment ? Vous prenez sa défense.

— Je n'ai pas à le défendre, mais j'estime simplement aussi injuste que déplacé d'insulter ce jeune homme...

— Vous conviendrez que, chez nous, des gens qui se battent au couteau dans la rue...

— D'abord, lui, il ne se battait pas... On l'a attaqué. Et puis... nous ne sommes pas en Angleterre...

— Je m'en aperçois !

Audrey sourit de pitié. Pauvre Alan... De quoi pourrait-il s'apercevoir ? Que comprenait-il à la féerie italienne ? Qui sait si cet Aldo n'était pas la victime d'un mari jaloux ? A moins que quelque conjuration secrète... Ses camarades de Somerville College n'auraient pas reconnu leur compagne si équilibrée dans cette Audrey s'abandonnant à son imagination, se perdant dans un songe où l'amour et la mort se donnaient la main pour l'entraîner dans une ronde où elle devenait une de ces belles filles du Quattrocento pour les beaux yeux desquelles les cavaliers jouaient si facilement de la dague. Désespérant de l'arracher à son mutisme, Raston n'insista pas et ils rentrèrent à l'hôtel de Gênes sans échanger un mot.

Les blessures superficielles d'Aldo n'inquiétèrent pas le médecin de garde de l'hôpital Sant'Andrea.

— D'où es-tu ?

— De Naples.

— Eh bien tu pourras bientôt y retourner si le cœur t'en dit !

Dans la salle commune où on le transporta, Aldo essayait de repenser à ce qui s'était passé. Il revit le malheureux Rocco et il pleura... Pauvre oncle... Pauvre Gelsomina... Et que dirait le père? En quoi avaient-ils bien pu commettre une erreur? Se conformant à toutes les directives reçues, ils étaient allés au rendez-vous à l'heure fixée et les assassins avaient donné le mot de passe. Alors? Fallait-il croire que les Signori avaient tenté de se débarrasser de gens qui, leur mission accomplie, n'étaient plus que des témoins gênants? Une pareille traîtrise s'avérait inconcevable... Brusquement, il se souvint que l'un de ses agresseurs en le frappant avait lancé un juron napolitain. Devait-il admettre que des Napolitains, mis au courant de cette expédition, leur avaient tendu un piège pour les dépouiller? Ils comptaient sans doute s'en tirer sans effusion de sang — ignorant qu'ils devaient remettre un chapelet en échange des diamants — si Rocco n'avait insisté! Et maintenant, Rocco était mort et on ne toucherait pas le million de lires promis!

Une infirmière d'âge mûr qui passait le fit boire et voyant qu'il avait pleuré lui caressa légèrement le front en lui souhaitant une bonne nuit. Ce geste déclencha dans l'esprit du garçon le souvenir d'Audrey. La reverrait-il un jour? Dans le silence étrange de ce vaste dortoir où l'on percevait des souffles oppressés, des gémissements sourds, des lambeaux de phrases où s'enchaînaient des mots sans suite, le jeune homme se mit à rêver de la jolie Anglaise...

Rentrée dans sa chambre, Audrey s'était déshabillée, lavée sans trop prendre garde à ses gestes. Il portait un joli prénom : Aldo. Tandis que devant son miroir, elle se peignait, il lui semblait distinguer dans la glace les traits du blessé murmurant : « Je t'aime... » Enfin, voyons! qu'est-ce qui lui arrivait? Devenait-elle folle? Miss Farrington ne se reconnaissait plus et cette absence soudaine de tout empire sur elle-même l'effrayait. Pour se rassurer, elle mit cette exaltation anormale sur le compte de la fatigue consécutive à une année pénible. Demain matin, elle se montrerait très gentille avec Alan et peut-être le prierait-elle de l'emmener déjeuner à Portofino. Il en serait sûrement très heureux. Elle reconnut qu'elle ne se montrait pas très aimable pour son fiancé. Elle en convenait sans en éprouver pour autant de remords cuisants. Mais tout allait changer! Et ce n'est pas parce qu'un voyou — car Alan avait raison, il s'agissait sûrement d'un voyou! — la comparait stupidement à la Madone qu'elle se conduirait comme une folle. Elle se glissa dans son lit, éteignit la lumière et se força à penser à son futur mari, au foyer qu'elle dirigerait, aux meubles qu'elle choisirait. Toutefois, en dépit de ses efforts, un Florentin, contemporain des Médicis, dansait dans l'esprit de Miss Farrington, un Florentin qui ressemblait à Aldo et l'appelait au secours.

Alan Raston ne cacha pas sa surprise d'être accueilli avec tant de gentillesse par Audrey au breakfast qui les réunit le lendemain de cette nuit mémorable. Il crut de bonne politique de ne faire aucune allusion aux événements de la veille et se montra touché lorsque sa fiancée lui demanda si Mrs Raston avait goûté un bon repos. Il annonça à la jeune fille qu'il devait rendre visite à un collègue italien de la via Porto Soprana, mais offrit d'y renoncer pour demeurer en sa compagnie. Audrey refusa et, oubliant son projet de déjeuner à Portofino, déclara qu'elle irait visiter la galerie de peintures du palais Bianco. Ils se donnèrent rendez-vous vers onze heures à la Piazza de Ferrari et se séparèrent, enchantés l'un de l'autre.

Au palais Bianco, Audrey passait nonchalamment à travers les galeries quand, brusquement, ses yeux s'arrêtèrent sur le portrait du « Gentilhomme florentin », peint par Pontormo. Elle s'immobilisa. La comédie qu'elle s'obstinait à se jouer depuis la veille s'avérait inutile puisque le destin s'arrangeait pour placer sur son chemin le visage auquel elle ne voulait plus penser. On eût dit que Pontorno avait pris Aldo pour modèle. Elle reconnaissait la douceur lumineuse du regard, le joli dessin de la bouche, la finesse des traits qu'auréolaient des boucles noires. Elle s'assit sur un banc, face au portrait qui semblait la contempler ironiquement. Au cas où elle le rencontrerait de nouveau, savoir s'il se souviendrait d'elle, s'il la comparerait de nouveau à la Madone, s'il lui dirait : « Je t'aime », avec cette voix dont les inflexions caressantes secouaient les nerfs de la petite Anglaise... ?

Parce qu'elle était consciente de sa faiblesse,

Audrey chercha une excuse qui masquerait plus ou moins sa défaite. Elle la cherchait encore lorsqu'elle monta dans le taxi qui l'emmenait à l'hôpital Sant'Andrea.

Après la visite des médecins qui le rassurèrent, Aldo reçut celle de la police. L'inspecteur s'assit au chevet du blessé, s'enquit poliment de sa santé, se fit confirmer son identité et lui demanda des précisions sur l'agression dont il avait été victime et s'il se doutait du mobile ayant fait agir les assassins ? Aldo avoua ne rien savoir.

— Où avez-vous rencontré ces deux hommes ?

— A la Viletta di Negro, près du musée d'Archéologie.

— Nous y avons trouvé le corps d'un certain Esposito ?... Rocco Esposito... Il était avec vous ?

La voix du garçon s'étrangla :

— Mon oncle...

— Commeht se fait-il qu'on l'ait tué et que vous ayez pu échapper ?

Aldo expliqua la scène et l'espèce de prémonition qui le fit ralentir son pas.

— Vous êtes arrivés tous deux hier soir à Gênes ?

— Oui.

— Qu'est-ce que vous veniez y chercher ?

— Du travail.

Pour appuyer ses dires, Aldo montra les lettres d'engagement de l'entrepreneur gênois.

— Vous comptez rester ici ?

— Non, maintenant que Rocco n'est plus avec moi, je préfère rentrer à Naples.

L'inspecteur se leva :

— Vous agirez sagement... car, pour être franc, il y a quelque chose qui ne me plaît pas dans cette histoire... On n'a même pas volé le portefeuille de votre oncle. Curieux, non ? Vous avez bien de la chance, mon ami, de ne pas avoir de casier judiciaire... Au revoir.

Une visite qui inquiéta Aldo. Ces Gênois se révélaient de vrais sauvages comme tous les gens du nord, d'ailleurs. Le temps lui durait de se retrouver dans la maison de San Matteo, au milieu des siens. Ce policier paraissait diablement malin et si l'employé de l'Albergo Blanco parlait du coup de téléphone modifiant le lieu du rendez-vous, l'inspecteur rappliquerait et, cette fois, Aldo ne voyait pas comment il pourrait éviter de lui rapporter toute l'histoire. A cette perspective, il sentit la sueur lui couler dans le dos. Il avait peur.

Jamais encore Audrey n'était entrée dans une salle d'hôpital réservée aux hommes. Toute sa pudeur britannique s'affolait et elle suivait l'infirmière les yeux baissés pour ne pas être contrainte d'assister à des spectacles qu'elle préférait ne pas qualifier. Soudain, il lui vint à l'esprit qu'Aldo pouvait être occupé à l'une de ces tristes et obligatoires servitudes physiologiques. Elle faillit tourner les talons et se sauver. .

— Voilà votre blessé, signorina.

Il reposait, les yeux clos. Affolée, elle demanda :

— Il... il n'est ... pas... ?

L'infirmière sourit en lui tapotant le bras :

— Mais non, mais non ! Il dort comme un Jésus.

Asseyez-vous à côté de lui et quand il se réveillera, la vue de sa chérie lui fera plus de bien que tous les remèdes!

Suffoquée par cette familiarité, Audrey voulut protester, mais l'infirmière s'éloignait déjà, appelée par d'autres tâches. Sa chérie! De quoi se mêlait-elle cette bonne femme! Il n'y a que les Italiens pour avoir des idées pareilles! Ces gens-là mettent de l'amour partout! Puisqu'il en était ainsi, elle allait repartir avant qu'Aldo ne se réveille.

— Je savais que vous viendriez...

Elle sursauta. Il la contemplait avec son regard de velours et un air d'adoration positivement choquant. Avant qu'elle n'ait prévu son geste, il lui prit la main.

— J'ai tant prié cette nuit pour demander à Dieu de me permettre de vous revoir...

Elle eut un petit rire idiot destiné à cacher son embarras :

— Eh bien! il faut admettre que vous êtes en bons termes avec le ciel puisque je suis là!

— Le Bon Dieu sait que je vous aime et que je serais mort si vous n'étiez pas venue...

Les Napolitains mentent avec tellement de naturel que non seulement les autres les croient, mais encore qu'ils réussissent à se persuader eux-mêmes et finissent par prendre leurs mensonges pour des vérités. L'Anglaise se défendit mal.

— Ne dites pas de sottises ou je repars tout de suite!

— Je tiens votre main... et je sais... que vous êtes la plus belle de toutes et que je pourrai plus jamais en aimer une autre que vous maintenant...

A Oxford, personne ne se serait permis de lui parler avec cette insolence! Miss Farrington se demandait vraiment ce qu'elle attendait pour s'en aller! Mais elle demeurait sur sa chaise et rougit jusqu'aux oreilles lorsque Aldo lui embrassa la main avant de la poser contre sa joue. Elle ne put que balbutier :

— Vous... vous avez encore la fièvre...

— A cause de vous...

Non seulement cette conversation était scandaleuse, mais publique. Les voisins du jeune homme ne perdaient pas une syllabe de leur dialogue et montraient clairement leur sympathie. Honteuse, outrée, elle se leva :

— Puisque vous n'êtes pas raisonnable, je vous laisse.

Dans son dos, une voix s'éleva :

— Ce serait une mauvaise action, signorina ; il vous aime, ce garçon!

Éberluée, Audrey se retourna pour voir un homme d'une quarantaine d'années qui lui souriait.

— L'amour, le vrai, c'est si rare, signorina, qu'il faut pas le laisser s'échapper quand on a la chance de le rencontrer.

Alors, le voisin de gauche s'en mêla, puis les deux malades faisant face au lit d'Aldo. Le cerveau paralysé, l'Anglaise avait l'horrible impression de se faire faire la cour au milieu de Trafalgare Square par une compagnie de Scotch Guards. N'osant pas affronter les reproches et dans l'espoir d'apaiser une curiosité insoutenable, elle se rassit. Ils approuvèrent avec des clins d'œil complices et des rires amicaux. La tête en feu, Miss Farrington ne savait plus où elle en était. Aldo en profita :

— Vous êtes Anglaise, mon amour?

Vaincue, intimidée, elle ne s'indignait plus de cette familiarité. A travers le bruit sourd de son cœur qui lui battait aux oreilles, elle entendit un Italien affirmer que les Anglaises, quand elles aimaient, c'était du sérieux et qu'on pouvait compter sur elles. En vue de confirmer honnêtement cette opinion, chacun se mit à détailler les avantages physiques d'Audrey pour en chanter hautement le charme, l'allure, la délicatesse. La jeune fille s'imaginait vivre un cauchemar. Elle aurait dû s'évanouir pour se tirer d'embarras, mais ce n'était pas son genre et elle dut écouter celui-ci qui vantait la couleur de ses yeux, celui-là la finesse de ses cheveux; un autre s'attacha au dessin de son nez, un autre encore osa parler de sa poitrine et quand elle en entendit un attirer l'attention sur la courbe gracieuse de ses hanches, elle se mit à parler très vite :

— Oui, je suis Anglaise. Je ne passe que quelques jours dans cette ville. J'habite à l'hôtel de Gênes... Je... je visite l'Italie où... où je suis venue déjà plusieurs fois.

— Vous connaissez Naples?

— Non.

— Il faudra y venir.

— Pourquoi?

— Parce que c'est à Naples que je vis... Parce que c'est à Naples que je vous attendrai...

Un Napolitain! C'était à prévoir... Il fallait en finir.

— Écoutez-moi, Aldo... Il y a un malentendu. Je suis venue voir comment vous alliez, unpoint c'est tout. Ne laissez pas courir votre imagination. D'ailleurs, je suis fiancée!

— Vous aurez qu'à lui dire que vous l'aimez plus!

— Qu'en savez-vous?

— Vous pouvez pas aimer deux hommes à la fois, ma chérie... et puisque vous m'aimez...

Audrey n'en pouvait plus. Elle fit l'effort de se lever, décidée à terminer cette scène grotesque, mais Aldo lui tenait toujours la main.

— Lâchez-moi... je dois rentrer maintenant...

— Vous reviendrez?

— Oui.

— Jurez-le?

— Je vous le jure.

— Embrassez-moi avant de partir.

— Quoi?

— Embrassez-moi?

De nouveau, le voisin de droite s'en mêla.

— Vous ne pouvez pas lui refuser un baiser, signorina; il vous aime tant, ce garçon...

Pour recouvrer sa liberté, Audrey se pencha sur Aldo pour lui effleurer le front de ses lèvres, mais il lui saisit la tête et l'embrassa longuement sur la bouche. Malgré son désarroi, sa surprise, sa colère, son humiliation, Miss Farrington perçut le long murmure de satisfaction montant de la salle, unanime.

Quand elle se retrouva dans la via Alessandra Volda où s'ouvre l'hôpital Sant'Andrea, Audrey se demanda si elle était ou non éveillée. Était-il possible qu'elle, Miss Farrington B. A., la meilleure étudiante de Sommerville College, se soit conduite de cette façon ? Dans son esprit, l'étonnement le disputait à la honte. L'Italie rendait Audrey folle, tout simplement ! Heureusement qu'Aldo allait rentrer à Naples et qu'elle n'entendrait plus parler de lui. Ah ! combien elle préférait, en ce moment, Alan et sa réserve ! Mrs Raston avait bien raison de dire que les continentaux n'ont point de morale ! Elle décida de présenter des excuses à Eileen pour la scène les ayant opposées sur le *Duke of Lancaster* et résolut également de ne plus visiter de musée de crainte de retomber dans un piège identique à celui que le hasard lui avait tendu au Palais Bianco. Ne se sentant pas le courage de rejoindre Alan à la piazza de Ferrari où il devait l'attendre depuis longtemps, elle rejoignit son hôtel, pressée de prendre un bain pour se laver de tous ces sales regards qui avaient traîné sur elle et dont le seul souvenir lui donnait la chair de poule.

Surprise et charmée par la contrition d'Audrey, Eileen ne mit aucune mauvaise grâce à accorder le pardon que la jeune fille sollicitait si humblement et Alan oublia sa mauvaise humeur due à son inutile promenade autour de la piazza de Ferrari. On décida d'aller prendre le thé à Portofino pour célébrer la réconciliation générale.

Le lendemain, Aldo ne vit pas venir Audrey. Sincèrement épris, il en eut de la peine et ne put dissimuler sa déception auprès de ses voisins qui, compatissant à son chagrin, entreprirent de le réconforter. Toutefois, l'un d'eux crut de son devoir de remarquer qu'avec les étrangères, on devait s'attendre au meilleur comme au pire. On le fit taire en l'injuriant et en soulignant que la tendresse de la jeune femme se voyait assez clairement pour que le jeune homme n'eût pas à redouter un abandon aussi cruel qu'injustifié. Cependant, vers le milieu de l'après-midi, Audrey ne s'étant toujours pas manifestée, les convictions les plus fermes faiblirent. Vers le soir, l'infirmière introduisit un visiteur qui n'était autre que Dino Garofani. Aldo fut tellement surpris qu'il ne put que dire :

— Toi ?

— Il fallait que quelqu'un vienne te tirer d'affaire... J'ai parlé au médecin... Je t'emmène demain matin... D'accord ?

Aldo n'osa pas protester. L'oncle prit place sur la chaise où, la veille, Audrey s'était assise.

— As-tu mal ?

— Presque plus.

— Tu vois, petit... Vous avez voulu jouer aux durs et voilà ce que vous avez gagné ?

— A la maison, ils sont au courant pour Rocco ?

— Oui... la police nous a prévenus.

— Qu'est-ce qu'ils font ?

— Ils crient et ils pleurent... Ton père, naturellement, parlait de se tuer... Gelsomina aussi... Ta mère mouillait la pâte de sa pizza avec ses larmes...

Enfin, tu les connais... Mais ils finiront par se calmer.

Si le garçon n'avait pas su que Dino les aimait tous bien, il l'aurait accusé d'indifférence.

— Pauvre Rocco...

Le pêcheur haussa les épaules :

— Oui pauvre, Rocco... un brave garçon... pas bon à grand-chose... mais, pour ça, pareil aux autres... fainéants et compagnie.

Il se pencha vers son neveu pour chuchoter :

— Et les diamants?

— Volés!

Dino souffla doucement :

— J'ai l'impression que nos ennuis font que commencer?

— Pourquoi?

— Parce qu'il y a des chances pour que ceux qui vous ont confié cinquante millions de diamants ne se contentent pas de la mort de Rocco pour passer l'éponge. Ton père nous a mis dans un beau pétrin. Le corps de Rocco arrive aujourd'hui à Naples. On l'embaumera pour l'enterrer un peu plus tard...

***

Audrey se sentait de bonne humeur. Depuis la réconciliation de l'avant-veille avec les Raston, tout allait mieux. Elle ne pensait plus à Aldo et quand son souvenir essayait de la reprendre, elle l'en chassait avec énergie. Elle était redevenue Miss Audrey Farrington B. A. Elle choisissait une robe lorsqu'on frappa à sa porte. Un groom lui apportait une lettre qu'une dame venait de déposer pour elle au bureau de l'hôtel. Bien qu'il n'y eût que « Miss Audrey » sur l'enveloppe, la direction pensait que le pli lui était destiné, nulle autre cliente ne portant ce prénom et ne correspondant à la description faite par cette personne. Le gamin reparti, Audrey tournait et retournait le pli entre ses doigts. Elle savait bien qui le lui envoyait et estimait qu'il serait, évidemment, plus sage de le déchirer ou de le brûler sans en prendre connaissance. Et puis, parce qu'elle n'était pas aussi complètement guérie qu'elle se plaisait à l'imaginer, elle l'ouvrit :

Audrey chérie,

Mon oncle Dino est venu me chercher pour me ramener à Naples. Je serais bien resté à Gênes pour vous revoir mais il y a l'honneur et mon oncle Rocco doit être vengé. Je dirai chez moi que vous m'avez sauvé la vie. Ils vous aimeront comme je vous aime. Pour toujours... Quand vous arriverez à Naples, allez vite au café d'Italo Sachetti, dans le vico della Tofa, et envoyez-moi chercher. Je vous attends avec toute ma tendresse. A bientôt. Aldo.

Alors, ce suffisant personnage se figurait qu'il n'avait qu'à l'appeler pour qu'elle se précipitât? Impayables, ces Italiens! Enfin, puisqu'il était parti, bon débarras! On n'entendrait plus parler de ce Napolitain vaniteux et ce n'est pas demain qu'Audrey se rendrait à Naples! La jeune Miss choisit la robe qui plairait à Alan, mais elle oublia de déchirer le billet d'Aldo.

CHAPITRE III

Dans la foule encombrant la gare centrale, Aldo et Dino ne tardèrent pas à repérer Mario venu les attendre. En voyant son fils, Garofani s'immobilisa et ouvrit les bras. Il mit dans ce geste une telle emphase que les Napolitains le croisant ralentirent leur allure ou, mieux encore, s'arrêtèrent dans l'espoir qu'il allait se passer quelque chose et qu'ils seraient aux premières places. Aldo et son père échangèrent de nombreuses embrassades et étreintes que Mario interrompait de temps à autre pour adresser au Ciel de vibrantes protestations de reconnaissance éternelle :

— Sois béni, Seigneur, pour m'avoir rendu mon fils ! J'aimais bien Rocco et sa mort m'a tiré toutes les larmes du corps, mais Aldo, c'est mon garçon !

Et démentant tout aussitôt ce qu'il venait d'affirmer, Mario éclata en sanglots bruyants qui eurent le don immédiat de rassembler les flâneurs que l'action de grâces lancée vers la voûte céleste avait alléchés. Inconsciemment heureux d'avoir des spectateurs, il se laissa aller à son tempérament naturellement porté vers le drame :

— Aldo mio ! Comment as-tu le courage d'embrasser encore un criminel de ma sorte ? J'ai tué Rocco et j'ai failli te tuer ! S'il n'y avait pas la famille, c'est un cadavre qui t'accueillerait en ce moment !

Cette hypothèse sinistre parut redoubler le désespoir de Mario qui, non content de pleurer la disparition de son beau-frère, pleurait son propre trépas. Il poussait maintenant des cris déchirants et, autour de lui, on compatissait sans comprendre de quoi il s'agissait, mais en appréciant un spectacle de qualité. Aldo, bien que fait à ces sortes de manifestations, ressentit quelque gêne et voulut entraîner son père vers la sortie. Mario refusa :

— Pas avant que tu m'aies dit si je pouvais ou non compter sur ton pardon ! Je t'avertis que si tu me le refuses, je tombe mort à tes pieds !

Un murmure flatteur courut dans les premiers rangs des auditeurs. Il y avait des connaisseurs ! Ne tenant pas à voir se prolonger la scène, Aldo assura son père qu'il lui pardonnait de grand cœur. Transporté, oubliant son remords et son chagrin, Mario se tourna vers les spectateurs et leur montrant son fils :

— Ça, c'est un garçon ! Et à tous ceux qui sont pères ou qui le deviendront, j'en souhaite un pareil !

Quelques-uns ne pouvant réprimer leur enthousiasme applaudirent. Mario sourit, content de lui.

— Misère de moi ! Et tes blessures, comment vont-elles ?

— Aussi bien que possible. Te fais pas de souci...

Mais Mario n'entendait pas se priver d'une nouvelle occasion de manifester ses sentiments. S'adressant à l'auditoire, il proclama :

— Le sang de mon fils! C'est moi qui l'ai versé! On devrait me mettre la corde au cou et me tirer à travers les rues de Naples ne me laissant juste la force de solliciter mon pardon! Parce que des plus criminels que moi, il y en a pas!

On fut nettement impressionné, surtout par l'hypothèse du châtiment médiéval que Garofani réclamait pour lui-même, et les femmes qui se trouvaient là commencèrent à gémir. Dino, à qui sa haute stature permettait de voir par-dessus les autres, aperçut deux carabiniers que ce rassemblement intriguait et qui venaient se rendre compte. Le pêcheur prit son frère par le bras et l'entraîna sans lui parmettre de réagir :

— Ça suffit comme ça, Mario! Il est temps de rentrer chez nous...

Garofani obéit sans pouvoir s'empêcher de remarquer :

— C'est pas pour te le reprocher, Dino, mais le sentiment, ça n'a jamais été ton fort...

Ils descendirent du tramway à la piazza di Municipio et, de là, par la via San Giacomo, ils atteignirent la via Roma qu'ils traversèrent pour entrer dans la vieille ville et presque tout de suite dans le vicolo San Matteo. Giuseppe faisait le guet pour prévenir. En retrouvant son décor familier, Aldo sentit sa gorge se serrer. Maintenant, il le savait, il ne pourrait jamais vivre loin de Naples. Ils l'attendaient tous, agglutinés en un bloc, dans la cuisine — la pièce de réception — et lorsque son fils y pénétra, Serafina poussa un long hurlement dont nul n'aurait su dire s'il était un cri de joie ou de désespoir. Les plus jeunes, terrifiés, s'accrochèrent à sa jupe. Mario protesta tendrement :

— Allons, mama, allons...

Alors, comme délivrée, Serafina explosa :

— Bambino mio ! C'est pas vrai que je te revois ? Le Ciel l'a permis ! Je remercierai la Madonna en lui donnant la moitié de la vente de ma pizza pendant tout le mois qui vient !

Garofani tira sa femme par une manche de son corsage :

— Fais attention à ce que tu dis, mon cœur... Promets pas plus que ce que tu peux donner... Des fois qu'ils te prendraient au mot là-haut, comment qu'on ferait pour vivre ?

Et pour se justifier auprès des autres, Mario ajouta :

— C'est vrai... on parle, on parle, et on se rend pas toujours compte...

Confuse Serafina murmura :

— J'oubliais que nous sommes pauvres, Santa Madonna, mais vous, vous le savez mieux que personne et alors je vous donnerai le tiers, non le quart... Ah ! et puis, je vous dis rien, bonne Mère, ça vous sera une surprise... Et maintenant que j'ai remercié l'Immaculée, embrasse ta mama, bambino mio !

Aldo se précipita, écrasant son visage dans l'abondante poitrine de sa mère. Il se sentait submergé par une tendresse venue de loin et qui lui mettait les larmes aux yeux. Après Serafina, ce fut le tour de Lauretta, puis de Pamela, de Tosca, de Bruna. Giovanni ouvrit la série pour les hommes, Giuseppe suivit, ensuite Alfredo et Benedetto. Mario, qui n'entendait pas demeurer à l'écart, embrassa de nouveau son fils, puis sa femme et sa fille aînée. Alors, comme pris d'une frénésie pathétique, tous les membres de la famille Garofani s'étreignirent, y compris les tout petits, sans trop savoir pourquoi, simplement pour se prouver le plaisir qu'on ressentait à être ensemble. Soudain, la mama, revenant à la réalité, hurla :

— Aldo ? Tes blessures ? Tu en parles pas de tes blessures ? Elles sont pas mortelles, au moins ?

— Mais non...

— Tu me le jures ?

— Je te le jure... Deux ou trois coups de couteau qui m'ont juste griffé la peau...

— Des coups de couteau à mon fils ! Mais ce sont de vrais sauvages, ces Gênois ? Par le Christ-Sauveur, s'ils m'avaient tué mon petit, je serais allée y foutre le feu, moi, à leur ville ! Tu vas manger un bon morceau de pizza... que tu dois avoir une drôle de faim, pauvre créature de Dieu !

Ils prirent place un peu n'importe où et n'importe comment et dévorèrent la pizza que Mario n'avait pas vendue. La bouche pleine, la mama parvint quand même à remarquer :

— Elle manque un peu d'origan... Et comment ça se fait que tu sois pas mort, mon Aldo ? Que ces bandits t'aient pas tué ?

— Une jeune fille m'a sauvé...

— Bénie soit-elle! Faut croire qu'à Gênes, les femmes sont meilleures que les hommes...

— Elle est pas Gênoise, mais Anglaise.

Sidérée, Sérafina répéta :

— Une Anglaise...

Et elle jeta un coup d'œil souverain sur les autres membres de la famille, un coup d'œil signifiant que ce n'était pas toutes les mères du vieux quartier qui pouvaient se vanter d'avoir eu leur fils sauvé par une Anglaise. Repris par le souvenir d'Audrey, Aldo ajouta avec ferveur :

— Elle est belle... si belle qu'on peut pas dire...

Lauretta qui s'imaginait vivre une histoire comme celles qu'on voit au cinéma, demanda ingénument :

— Tu l'aimes?

Ils guettaient tous sa réponse et Aldo avoua :

— Je l'aime.

Giovanni ricana :

— Si tu te mets à faire des victimes parmi les étrangères maintenant!

Mais Aldo n'admettait pas qu'on plaisantât sur ce sujet. Les mâchoires serrées, il avertit son beau-frère :

— Parle pas comme ça, Giovanni... je serais capable de te casser la gueule!

Du coup, tous comprirent que c'était sérieux et, timide, Lauretta s'enquit :

— Tu voudrais la marier?

— Si elle m'acceptait pour époux, oui... Elle s'appelle Audrey...

Giovanni, qui tenait à se rattraper, souligna :

— C'est un joli prénom...

La mama acheva de déglutir le morceau de pizza qui l'empêchait de donner son avis.

— Ça m'étonnerait qu'elle te refuse ! Un garçon comme toi ? Ou alors, c'est qu'elle serait aveugle ! Mais, dis-moi, bambino, les Anglaises, elles habitent où ?

— En Angleterre, tiens !

— C'est pas un pays où il pleut toujours ?

— On le raconte. Je sais pas si c'est vrai.

— Et tu crois qu'elle s'habituera ici ? à notre soleil ?

— Le soleil, il me gêne pas... c'est plutôt que je suis un bon à rien...

D'étonnement, Dino en leva les sourcils. Il fallait que le garçon fût rudement amoureux pour se rendre compte... Enfin... Aveuglée, Serafina protesta :

— Je te défends de dire des choses pareilles ! Un bon à rien ? En voilà des idées, par exemple !

— Je serais même pas capable de lui offrir un logement...

— Bah ! On se serrera un peu plus...

Aldo ne répondit pas. Pourquoi faire de la peine à la mama en lui expliquant qu'Audrey ne se trouverait vraiment pas à son aise dans le campement Garofani.

— On pourra toujours lui donner la place de mon Rocco ?

Ils se turent, s'arrêtant presque de respirer. Évitant de faire le moindre bruit, ils se tournèrent vers la chambre du mort sur le seuil de laquelle, toute de noir vêtue, Gelsomina se tenait immobile. Contente de son effet, elle reprit âprement :

— Je vous écoute depuis le début et pas un de vous a eu une pensée pour Rocco... Rocco qui vous chérissait tous...

Cette dernière remarque ouvrit les vannes de tous les sanglots dont l'élément féminin du clan était encore capable. Mario lui apporta son renfort car il aimait autant pleurer que rire. Gelsomina poussa son avantage :

— Les morts, on a vite fait de s'en débarrasser, hein ? Et moi ? Quelqu'un songe-t-il seulement à moi ? Femme sans mari, sans enfants, méprisée des miens, qu'est-ce qui me reste ? Comment je mangerai demain ? Où je trouverai un toit pour m'abriter ? Ah ! malheureuse, pourquoi que t'es pas morte avec ton mari ?

Toutes les pleureuses antiques revivaient en Gelsomia qui, s'enivrant de ses propres cris, se prit les cheveux à poignées. Dino vint lui mettre la main sur l'épaule.

— Tu sais bien, Gelsomina, qu'on t'abandonnera jamais ?

Aldo ne se rappelait pas avoir jamais vu son oncle Dino aussi ému et il repensa à ce que Rocco lui confiait sur le bateau au sujet de l'admiration de Gelsomina pour le pêcheur. Mais cette dernière tenait à terminer son numéro. D'ailleurs, en bonne Napolitaine, elle se persuadait qu'elle pensait ce qu'elle disait :

— J'étais une femme heureuse, respectée et maintenant, qu'est-ce que je suis ?

— Tu veux vraiment que je te dise ce que tu es?

Serafina qui en avait assez intervenait :

— Tu es une enquiquineuse, Gelsomina! Toute petite, tu pleurnichais déjà pour un oui, pour un non! Toujours, tu as cherché à te rendre intéressante! Tu as pas le droit de raconter qu'on n'aimait pas Rocco! Tous, ici, on a un gros chagrin de sa mort... même que Mario, il voulait se tuer!

Amère, Gelsomina, que la diatribe de sa sœur ramenait dans la vie de tous les jours, ne put s'empêcher de remarquer :

— Il a voulu... mais il l'a pas fait?

Alors, la mama prit feu et flammes :

— T'as donc pas de cœur, Gelsomina! Parce que t'as plus de mari, t'aurais souhaité que je sois comme toi? Tu entends, Mario? Elle te reproche de vivre, cette sans entrailles!

Garofani hoqueta :

— J'aurais pas cru ça de toi, Gelsomina... non, je l'aurais pas cru... Moi qui t'achetais des rubans pour mettre dans tes cheveux quand t'étais petite... Ma fille! Voilà, je te considérais un peu comme ma fille... et tu regrettes que je sois pas mort?

Il écarta les bras en un geste qui montrait son incapacité à comprendre le monde. Bruna, la plus petite, prit la main de son père :

— Papa, faut pas que tu meures... dis, papa? tu vas pas partir comme le tonton Rocco?

Serafina happa sa dernière née et la posa sur ses genoux :

— Ange du Bon Dieu! Tu sais encore rien de la méchanceté des grandes personnes...

Gelsomina sentit qu'elle perdait la partie et qu'à part Dino, tous les autres étaient contre elle. Elle fit une retraite honorable.

— Je te demande pardon, Mario... Je suis à moitié folle depuis que Rocco est plus là...

Elle embrassa Mario qui lui rendit son baiser, puis sa sœur, ensuite Aldo et la contagion jouant de nouveau, les Garofani retombèrent tous dans les bras les uns des autres. Dans son coin de ciel, l'oncle Rocco devait être satisfait de cette réconciliation générale... tout en gardant, cependant, un œil sur Dino qui regardait sa veuve d'une manière qui ne lui plaisait pas trop. Épuisée par cette scène où elle s'était livrée à fond, Gelsomina se retira dans sa chambre. Quand elle les eut quittés, Aldo demanda :

— Et où il est Rocco ?

— Chez Zacharie Casatti, celui des morts... Il nous le garde. Il l'a un peu arrangé... embaumé, quoi... parce qu'on ne peut pas l'enterrer avant jeudi...

— Pourquoi ?

— La musique est pas libre avant.

On frappa à la porte. La mama alla ouvrir. Une voisine priait qu'on lui prêtât un peu d'huile, car elle avait trop mal aux jambes pour retourner en chercher. Ce prétexte ne convainquit personne. La bonne femme voulait savoir ce qui se passait chez les Garofani. Comme la mama lui remettait son huile sans rien dire, la voisine fut obligée d découvrir ses batteries :

— C'est-y vrai, Serafina, que ton Aldo est revenu en piteux état ?

— En piteux état? Juste quelques coups de couteau... Il faudrait autre chose pour abattre un Garofani...

— Quand même... des coups de couteau...?

— Et puis après? Ça l'empêchera pas d'épouser une jeune et riche Anglaise qui lui a sauvé la vie!

La curieuse vacilla sous le choc d'une pareille nouvelle. Haletante, elle insista :

— Une vraie Anglaise?

— Et qui vient directement d'Angleterre!

La voisine n'en demanda pas plus et, oubliant la fatigue invoquée, elle se précipita dans la rue pour apprendre l'incroyable, la fantastique nouvelle : Aldo Garofani épousait une Anglaise!

Audrey commençait à s'ennuyer à Gênes. Elle jugeait la ville intéressante, certes, et elle était heureuse de la connaître ; mais, enfin, elle en avait assez. Son humeur devenait maussade et Alan, qui s'apercevait du changement, n'y comprenait rien. A toutes ses questions, sa fiancée ne répondait pas on lui assurait qu'il se faisait des idées. En tout cas, l'euphorie qui avait suivi la réconciliation générale s'amenuisait d'heure en heure. Audrey ne reparlait plus d'excursions aux environs de Gênes et laissait Alan libre de visiter à sa guise ses confrères italiens sans marquer le moindre regret de ses absences. Elle paraissait en vouloir à la terre entière. A la vérité, c'était contre elle-même que la jeune fille soutenait un rude combat. Tout l'écartait d'Aldo : sa race, sa manière de vivre, son éducation, sa pauvreté transparaissant dans sa tenue et, cependant, tout l'attirait en lui, tant il incarnait celui dont elle rêvait depuis toujours. L'envoûtement italien qui tenait Audrey sous son charme se matérialisait en la personne de ce Napolitain au visage pathétique. Enfermée dans sa chambre, elle relisait le billet qu'il lui avait fait porter. Son assurance l'irritait, mais elle ne pouvait demeurer insensible à la tendresse passionnée qui s'en dégageait. Pour échapper à son obsession, elle se forçait à de longues marches à travers Gênes, mais, automatiquement, ses pas la ramenaient au palais Bianco où le « Gentilhomme florentin » l'attendait pour lui rappeler Aldo.

Les enfants couchés, les Garofani — à l'exclusion de Gelsomina toujours perdue dans sa douleur d'autant plus profonde qu'on ne lui permettait pas de l'exprimer — se réunirent pour entendre Aldo leur conter sa triste aventure. Quand il en fut à la mort de Rocco, ils poussèrent soupirs et gémissements ; lorsqu'il conta l'arrivée providentielle d'Audrey, ils entonnèrent les louanges de la petite Anglaise. Giovanni résuma l'opinion générale :

— Rocco est mort, les diamants ont été volés et nous toucherons pas le million de lires qu'on espérait...

Mario huma le reproche sous-entendu et attaqua :

— Va au fond de ce que tu penses, Giovanni ! Dis-le donc que c'est de ma faute ? T'en crèves d'envie ! Dis-le !

Sans trop de conviction, le mari de Lauretta se défendit mollement :

— Mais non... vous pouviez pas deviner. On sortira jamais de notre misère, voilà tout... Faut en prendre notre parti et moi qui comptais sur cet argent pour aller aux États-Unis!

Lauretta se mit à pleurer. Depuis que père avait parlé de ce million de lires, Giovanni et elle, le soir, dans leur chambre, rêvaient de ce qu'ils entreprendraient une fois à New York. Son mari la prit tendrement dans ses bras :

— Calme-toi, ma Lauretta... Je te promets que nous irons quand même à New York. Je sais pas comment, mais je suis sûr que nous irons... On y deviendra riche et on appellera toute la famille!

Souhaitant détourner le cours de la conversation, Serafina assura :

— En tout cas, moi, je ne leur pardonnerai jamais aux Gênois, d'avoir voulu tuer mon fils!

— Mama... c'était pas des Gênois!

Saint Janvier leur aurait rendu visite sans se faire annoncer que le clan des Garofani n'eût pas été plus stupéfait et Aldo acheva de les dérouter en ajoutant :

— C'était des Napolitains... je les ai entendus jurer!

Très pâle, Mario déclara :

— Voilà qui change tout... Des Napolitains! Alors, c'est qu'on a été trahi? Qu'est-ce que tu en penses, Giovanni?

— Si Aldo se trompe pas, il faut retrouver ces deux types et les tuer! A cause de Rocco, nous le devons!

Ils l'approuvèrent chaleureusement et Serafina détailla ce qu'on ferait endurer à ces deux maudits si on leur mettait la main dessus. Mario sollicita l'avis de son frère :

— Et toi, Dino, quelle est ton opinion?

— On risque de pas avoir le temps de les retrouver...

Et comme ils le regardaient sans comprendre, il ajouta :

— Vous semblez oublier qu'on vous avait confié cinquante millions de diamants? Ça m'étonnerait que les Signori vous en demandent pas compte...

— Mais puisqu'on nous les a volés?

— Je suis pas certain qu'ils se contenteront de cette explication.

A son tour, Serafina crut apporter un argument de poids :

— Et la mort de Rocco, tu la comptes pour rien?

— Pour nous, Rocco était un brave garçon... Pour les autres, il valait sûrement pas cinquante millions!

Dans leur naïveté, ils n'avaient pas songé à cela. Les paroles de Dino leur ouvraient de sombres perspectives. Bégayant d'émotion, Mario s'enquit :

— Qu'est-ce que tu crois qu'ils vont faire, les Signori?

— Je l'ignore... Ils ont pas la réputation de pardonner!

On décida que Mario irait, dès le lendemain, voir le cordonnier Garazzi pour le mettre au courant et tâcher de savoir les réactions des patrons. Giovanni, jeune et emporté, s'exclama :

— Signori ou pas Signori, rien m'empêchera de trouver les deux salauds qui ont tué Rocco et qui nous ont tous flanqué dans le pétrin!

Audrey avait capitulé. Il fallait qu'elle revoie Aldo, ne fût-ce qu'une fois, pour qu'elle puisse l'observer tel qu'il était et non tel qu'elle le transfigurait. En le regardant vivre dans son milieu, dans sa crasse, sa médiocrité, elle démystifierait le personnage inventé qui l'habitait. Or, lorsqu'elle prenait un parti quelconque, il s'avérait très vite impossible de la persuader d'en changer. Sa résolution prise, elle passa aussitôt à l'attaque. Elle la porta au cours du lunch qui la réunissait à Mrs Raston et Alan. On venait de servir le dessert lorsqu'elle déclara :

— Vous voudrez bien m'excuser de ne pas respecter le programme que nous nous étions fixés, mais je suis fatiguée de Gênes.

Mrs Raston reposa la cuillerée de crème qu'elle portait à la bouche et, froidement, s'enquit :

— Ce qui signifie?

— Que je voudrais quitter cette ville.

— Et pourquoi?

— Parce que je m'y ennuie.

— Mais, voyons, Alan est là, pourtant?

Miss Farrington faillit déclarer que la présence de son fiancé, loin de soulager son ennui, l'aggravait. Elle préféra se taire. Eileen insista :

— Qu'est-ce que tout cela signifie, en vérité, Audrey?

— Rien d'autre que ce que je dis.

— Tout de même, ma chère, vous avouerez que votre conduite est bizarre ?

Alan voulut s'interposer :

— Mère... je vous en prie !

— Laissez, Alan ! Il est nécessaire que nous mettions bien les choses au point. Audrey, vous semblez ne pas vous plaire en notre compagnie. Déjà, à Cadix, votre escapade était invraisemblable. Je ne suis guère au courant des mœurs des jeunes filles d'aujourd'hui, mais enfin, de mon temps, quand nous avions la chance rare de nous voir offrir un voyage avec notre fiancé, nous ne nous quittions guère. Vous, au contraire, vous paraissez vous appliquer à éviter mon fils. A quoi riment, je vous le demande, ces longues promenades solitaires ? C'est bien simple, on ne vous rencontre pratiquement qu'aux repas où vous êtes exacte, je vous le concède. Reconnaissez, cependant, qu'Alan et moi sommes en droit d'attendre un autre comportement de votre part ?

Audrey balança, se demandant si elle devait ou non profiter de l'occasion offerte pour tout casser. Une simple colère et ce serait la fin. Mais elle pensa à ses parents et jugea, de plus, peu digne d'elle de rendre sa parole à Alan autrement qu'après une franche explication.

— Après l'année que j'ai passée, j'éprouve un net besoin de solitude, de repos en même temps qu'une impérieuse nécessité de bouger...

— Si vous estimez que d'aller de Londres à Gênes, ce n'est pas bouger, qu'est-ce qu'il vous faut ?

— Je vous répète que je ne me sens pas à l'aise à Gênes comme je l'étais à Rome ou à Florence.

Alan, qui estimait être tenu un peu trop à l'écart, entra dans le débat.

— Vous souhaiteriez retourner à Rome ou à Florence, Audrey ?

— Non... à Naples.

Eileen poussa une exclamation horrifiée :

— Vous perdez la tête, ma chère ? A Naples ? Dans cette ville immonde ? Comment un pareil projet peut-il venir à l'esprit d'une personne de votre éducation ?

— Je pense simplement qu'on ne saurait se vanter de connaître l'Italie si l'on n'a pas visité Naples.

Alan tenta de la raisonner :

— Naples est la honte de ce pays, Audrey ; on vous l'a dit et répété. Votre place n'est pas là-bas. J'accepte, si cela peut vous faire plaisir, de vous accompagner à Florence ou à Rome, bien que les études que je poursuis ici...

Sa mère l'interrompit sèchement :

— Non, Alan, votre travail est trop important pour que vous le sacrifiiez à un caprice !

Miss Farrington sentit la colère monter en elle. Pour éviter un éclat, elle se contenta de répondre :

— C'est bien, n'en parlons plus.

Et elle quitta la table sans prendre congé.

Costantino Garazzi était établi cordonnier depuis toujours dans le vico Canale, où il avait succédé à son père. Il y jouissait de l'estime générale et nul ne le soupçonnait d'entretenir le moindre rapport avec les Signori. Son train de vie était identique à celui de ses voisins et personne ne pouvait se douter qu'il entassait de jolies sommes pour, le moment venu, vendre son fonds et se retirer en Sicile d'où sa femme était originaire et où ils mèneraient une existence de rentier. Son échoppe fermée, Costantino fumait sa pipe en lisant *L'Unita* lorsqu'on frappa légèrement au volet. Il demanda :

— Qui c'est ?

— Mario... Mario Garofani.

— Ah ! c'est toi ?

Il entrouvrit la porte.

— Allez, entre vite...

Mario se glissa dans la pièce basse de plafond où régnait une odeur épaisse de cuir et de poix. Assise sur une chaise, une femme cousait à la lumière d'une lampe à pétrole. Garofani la salua :

— Bonsoir, signora Garazzi...

— Bonsoir, signor Garofani...

Le cordonnier interrompit ce jeu de politesse.

— Je crois que tu pourrais aller te coucher maintenant, Pazienzia ; nous avons à parler, Mario et moi.

Sans élever la moindre protestation, la femme se leva, rassembla son ouvrage, salua les deux hommes d'un signe de tête et s'enfonça dans un escalier noir comme une nuit d'hiver. Costantino attendit d'avoir entendu se refermer la porte de la chambre pour dire :

— Assieds-toi, Mario. Pourquoi t'es pas venu plus tôt ?

— Avec tous nos malheurs, je...

— C'est donc vrai ce qu'on raconte ?

— Eh ! oui, le pauvre Rocco est mort.

— Je me fous de Rocco ! Les diamants ont-ils été remis, oui ou non ?

— Non.

— Sang du Christ ! Où sont-ils ?

— Va-t'en savoir... Ceux qui ont tué Rocco, blessé Aldo, ont volé les diamants !

— C'est pas Dieu possible, Mario, que tu m'aies fait une chose pareille ?

— Moi ? Mais j'ai rien fait du tout !

— Espèce de sale Napolitain ! Depuis trente ans, j'ai la confiance des Signori et juste au moment où je pouvais envisager de me retirer, voilà que tu me trahis et que tu flanques tout par terre !

Garofani ne comprenait plus rien à rien.

— A la fin du compte, tu dérailles ou quoi, Costantino ?

— Maudit soit le jour où j'ai voulu te rendre service !

Mario s'énervait.

— Écoute, Costantino, que tu sois dans l'embarras, c'est d'accord, mais pas plus que nous !

— C'est ce que tu me conseilles de leur dire aux Signori quand ils me demanderont des comptes ? On voit bien que tu les connais pas ! Espèce d'imbécile, mets-toi donc dans la tête que c'est ta peau et la mienne qui sont en jeu ! Et j'ai la faiblesse d'y tenir à ma peau, moi !

— Moi aussi... et Rocco y tenait aussi...

— Rocco était un imbécile! Moins bête, il se serait pas fait tuer!

— C'est mal ce que tu dis là, Costantino. Oui, c'est mal de salir un mort!

— J'aimerais mieux qu'il soit vivant et qu'il ait les diamants!

— Lui aussi, il préférerait... Seulement, le mauvais sort était contre lui. Avec Aldo, ils se sont conformés à toutes les consignes, les autres leur ont donné le mot de passe. Ils leur ont remis les diamants. Ils devaient pas, peut-être?

— Si.

— C'est au moment où Rocco leur a dit qu'ils oubliaient de lui passer l'objet qui témoignerait de l'accomplissement de leur mission qu'ils l'ont frappé.

— Et Aldo, qu'est-ce qu'il fabriquait pendant ce temps?

Garofani raconta l'aventure de son fils et son sauvetage miraculeux par une jeune Anglaise qui habite l'hôtel de Gênes. D'ailleurs, les Signori pourraient vérifier.

— Sois sûr qu'ils vérifieront!

Le cordonnier alluma sa pipe, se leva, fit quelques pas à travers l'échoppe, puis revenant se planter devant Mario :

— Ça colle pas, Mario. Personne pouvait être au courant à Gênes...

— Justement, Costantino, ce sont pas des Gênois qui ont fait le coup, mais des Napolitains!

— Qu'est-ce que tu me chantes là?

Garofani fournit les précisions nécessaires pour

convaincre Garazzi. Quand il eut terminé, le cordonnier resta un instant silencieux, puis :

— Rentre chez toi, amico... Cette affaire est vraiment bizarre. Je dois en parler à quelqu'un qui touche de près aux Signori. Pour nous, il en sera ce qui plaira à Dieu. Dès que j'aurai des nouvelles, je te ferai signe.

Avant d'aller vendre ses citronnades, Lauretta refit les pansements de son frère, car elle avait la main plus légère que la mama.

— Là... tu es presque guéri, et puis, tu as une bonne mine.

— C'est pas comme toi!

— J'ai presque pas dormi. Giovanni est à moitié fou. Il comptait tellement sur cet argent pour nous sortir de notre misère. Alors, il veut à toute force se venger. Il a filé qu'il faisait à peine jour.

— Où est-il allé?

— Comment veux-tu que je le sache? Il doit traîner dans tous les cafés du port pour essayer d'attraper un renseignement. Si jamais il les repère ceux qui vous ont attaqués, c'est sûr qu'il les tuera. Tu crois qu'il ira en prison?

— Il y a des chances... Mais je lui donnerai un coup de main et on s'arrangera pour que les flics aient pas à se mêler de ça.

— Si tu es avec lui, j'aurai moins peur. Mais comment t'y prendras-tu pour les retrouver, ces maudits? T'as rien remarqué qui pourrait te mettre sur leurs traces?

— Non...

Il ne voulait pas parler de la cicatrice marquant l'un de ceux qui manquèrent l'assassiner. Il savait que Lauretta rapporterait ce détail à son mari et il ne tenait pas à ce que Giovanni se substituât à lui dans l'œuvre de justice que les Garofani étaient tenus d'accomplir pour garder l'honneur.

Il arriverait ce qui devrait arriver, mais elle irait à Naples. Audrey téléphona au bureau de l'hôtel pour connaître l'horaire des chemins de fer et elle apprit qu'un rapide partait le lendemain matin vers Rome d'où elle joindrait Naples vers le milieu de l'après-midi. Elle demanda qu'on lui retînt une place en première et qu'on lui préparât sa note. Maintenant qu'elle commençait d'agir, elle se sentait délivrée. Elle écrivit à sa mère que les Raston étaient insupportables et qu'elle se sauvait à Naples pour leur échapper. Elle ajouta qu'elle se doutait bien qu'à cette nouvelle son père pousserait les hauts cris, mais qu'il ne fallait pas y prêter trop grande attention. Quand il serait fatigué, il s'arrêterait. Satisfaite de cet acte d'indépendance, elle se mit à préparer ses valises avant d'aller rejoindre Alan qui l'attendait au Giardino d'Italia pour prendre le thé.

Raston se leva pour lui faire signe et lorsque Audrey eut pris place à ses côtés :

— Bonne promenade ?

— Je suis restée dans ma chambre.

— Auriez-vous été souffrante ?

— Alan... je pars demain pour Naples.

— Vous... vous partez ?

— Oui, j'ai mon billet.

— Mais, enfin, Audrey... ?

— Écoutez, Alan, je sais tout ce que vous pourriez me dire : votre mère, mes parents, ma qualité de fiancée... Eh bien, considérez que j'ai entendu vos arguments et qu'ils ne me font pas changer d'avis. Ce sera toujours du temps de gagné.

Tournant sa cuillère dans sa tasse vide, il répétait machinalement :

— Je ne comprends pas... Je ne comprends pas...

— Mais il n'y a rien à comprendre, Alan. Les choses sont comme ça ; un point, c'est tout.

— Mais, enfin, pour quelles raisons... ?

— Oh ! il y en a des tas... Votre mère...

— Ma mère ? C'est une femme parfaite, non ?

— Il se peut, mais cette femme parfaite me tape sur les nerfs. Sa manière de tout décider, de tout arranger... J'ai vingt-tois ans, Alan, et si j'ai poursuivi mes études, ce n'est pas pour me laisser guider par quelqu'un qui vit comme on vivait sous la reine Victoria !

— Audrey, je ne suis pas certain qu'en vous exprimant ainsi au sujet de ma mère, vous soyez très correcte ?

— Je le regrette, mais il y a si longtemps qu'on m'oblige à être correcte que j'en ai assez aujourd'hui !

— Je vois que vous êtes butée ?

— Pas butée, résolue.

— Je pense qu'il ne nous reste plus qu'à rentrer ?

— Je le pense aussi.

Dans le hall de l'hôtel, Audrey prit congé d'Alan. Elle annonça son intention de ne pas descendre dîner et le pria de saluer sa mère de sa part pour éviter des explications pénibles.

— Ne voulez-vous pas me dire au moins où vous descendez à Naples ?

— Au Macpherson's vraisemblablement.

— Alors, bon voyage, Audrey... J'espère que cette expédition que je désapprouve vous conduira à de meilleurs sentiments envers moi.

— Qui sait ?

Miss Farrington se rendait parfaitement compte qu'elle commettait une folie, mais elle en était enchantée. Une manière comme une autre d'affirmer sa personnalité. Elle s'apprêtait à se glisser dans son lit lorsque Mrs Raston entra. Qu'elle eût omis de frapper montrait assez que la mère d'Alan — si à cheval sur les principes — devait être hors d'elle.

— Audrey ! Alan m'a appris que vous partiez !

— Je pars.

— Pour Naples ?

— Pour Naples.

— C'est effrayant et... et scandaleux ! Positivement scandaleux !

— En quoi ?

— Mais... mais parce que c'est scandaleux !

— Madame Raston, je suis fatiguée. Demain, j'ai un long voyage en perspective...

— Audrey... réalisez-vous qu'en agissant comme vous vous proposez de le faire vous blessez gravement Alan ?

— J'en suis navrée.

— Et que ses sentiments à votre égard pourraient s'en trouver modifiés?

— Tant mieux!

— Comment?

— Madame Raston, je pense que je n'épouserai pas votre fils, du moins tant qu'il ne sera pas orphelin!

Eileen ne réalisa pas tout de suite, mais quand elle eut compris, elle témoigna de l'indignation qui l'étouffait par une sorte de barrissement qui fit se précipiter le voisin de Miss Farrington au téléphone pour demander si oui ou non les animaux de grande taille étaient tolérés dans les chambres. On lui répondit par la négative ; il traita son interlocuteur de menteur, car, dans la pièce à côté de la sienne, la bête qui évoluait devait être d'un volume imposant, s'il en jugeait par l'ampleur de la voix. On lui assura respectueusement qu'il se trompait ; il répliqua qu'il n'était pas venu à Gênes pour habiter dans une ménagerie et qu'il quitterait, l'hôtel dès le lendemain. Sceptique, mais intrigué le chef de la réception envoya un garçon voir ce qui se passait chez Miss Farrington. Le domestique revint en affirmant que tout était normal chez la jeune fille anglaise, mais qu'il avait croisé dans l'escalier une grande haquenée paraissant en proie à une colère noire et prête à toutes les excentricités. Par suite de la réflexion de cet employé, Mrs Raston fut — sans s'en douter et pendant plusieurs jours — l'objet d'une surveillance attentive.

Un gamin vint prévenir Mario que Costantino Garazzi serait heureux de boire un verre en sa compagnie ce même soir. Garofani comprit que son ami voulait lui transmettre la réponse des Signori. Il promit de faire tout son possible pour être exact au rendez-vous. La mama dut lui remonter le moral, affirmant qu'elle était sûre que tout allait s'arranger, car son instinct ne la trompait pas. Bien qu'il eût une confiance absolue dans le jugement de sa femme, Mario n'ajouta pas complètement foi aux dons de prophétesse de Serafina. Par contre, pour le consoler, ce sauvage de Dino lui fit remarquer que lorsqu'on a commis une sottise, il faut accepter d'en payer les conséquences. L'attitude de Dino intriguait de plus en plus la famille.

Mario ne se sentait pas tellement en train lorsque, l'heure venue, il frappa au volet de Garazzi.

— C'est toi, Garofani ?

Le visiteur dut s'y prendre à deux fois pour répondre oui. Il se retrouva dans l'échoppe obscure et à l'atmosphère confinée, mais au lieu de la signora Garazzi, il y avait sur une chaise un homme dont Mario ne voyait que le dos. Intrigué, Garofani regarda son ami qui, discrètement, porta un doigt sur ses lèvres puis annonça :

— C'est Mario Garofani, signor.

— Bien. Qu'il s'asseye face à la porte.

Mario obéit, perplexe, désagréablement impressionné par la voix sèche de ce mystérieux interlocuteur.

— Mario Garofani, Garazzi nous a rapporté

l'histoire que vous lui avez contée au sujet des très regrettables incidents de Gênes. Nous nous sommes renseignés. Il est vrai que votre beau-frère Rocco a été tué, que votre fils Aldo, blessé, n'a dû la vie qu'à l'intervention d'un couple de touristes britanniques dont nous connaissons les noms. Il ne s'agit donc pas de votre part d'une volonté arrêtée de nous tromper, mais d'une maladresse.

— Mais, signor, Rocco et...

— Taisez-vous! Ne parlez que si je vous interroge. A cause de ce mort et de ce blessé, nous vous laissons une chance. Vous avez accepté un marché et reçu une marchandise dont vous connaissiez la valeur, n'est-ce pas?

— C'est vrai, signor.

— L'avez-vous remise à ses destinataires?

— Non, signor.

— Nous la rendez-vous?

— Non, signor.

— Etes-vous ou serez-vous en état de nous en rembourser le prix?

— Non, signor.

— D'après vos dires, il paraîtrait que l'agression aurait été commise par des Napolitains?

— Aldo en est convaincu. Il les a entendus.

— Sitôt que nous avons été mis au courant, les ordres nécessaires ont été donnés. Personne ne quittera Naples avec nos diamants. Nous vous donnons dix jours pour les retrouver et nous les restituer, sinon... sinon votre fils aîné mourra et vous aurez encore huit jours de sursis avant que nous ne frappions de nouveau.

Mario eut un râle de désespoir.

— Vous pouvez pas faire ça, signor, vous pouvez pas... ?

— Garazzi continuera à servir d'intermédiaire entre nous.

— C'est injuste, signor ! Je vous jure que c'est injuste !

— Et gagner un million de lires pour transporter des diamants à Gênes, ça ne l'était pas injuste ? Costantino, placez-le contre le mur de gauche et qu'il ne se retourne pas pendant que je sors, cela vaudra mieux pour vous deux. Encore un mot. Garofani... si vous étiez amené à châtier les tueurs de votre beau-frère, nous vous prendrions sous notre protection vis-à-vis de la police... Bonne chance !

A l'exception des gosses, toute la famille guettait le retour de Mario. Son visage ravagé les renseigna tout de suite. Pour une fois, Garofani ne céda pas au plaisir de parler et, en quelques mots, il leur rapporta l'entretien qu'il venait d'avoir chez Garazzi, sans révéler, toutefois, qu'Aldo devait être la première victime. Il conclut :

— Moi, je sais plus de quel côté me tourner... et toi, mama ?

Dans les grandes circonstances, Serafina prenait le commandement du clan tout entier. Elle fut catégorique :

— Il faut se sauver. Demain, on emballe tout ce qu'on a et on fiche le camp !

— Où ?

— En Calabre, chez ma cousine Ortensia... Si elle est pas morte, elle nous aidera.

Pour une bonne idée, c'était une bonne idée. On n'irait sûrement pas les chercher en Calabre... Mario remercia sa femme et décréta que, dès l'aube, on commencerait les paquets. Malheureusement, il ne fut pas suivi. Aldo et Giovanni protestèrent qu'ils ne voulaient pas fuir et qu'ils n'entendaient pas se laisser assassiner sans se défendre. Lauretta se serait bien rangée du côté de sa mère, mais elle ne pouvait abandonner son mari. Gelsomina jura qu'elle ne quitterait pas Naples tant qu'il y aurait une chance de retrouver l'assassin de Rocco. Naturellement, Dino l'approuva. Vaincus, Mario et la mama s'inclinèrent. On resterait donc au vicolo San Matteo en espérant que la Madone les aurait en pitié et les protégerait.

CHAPITRE IV

Au fur et à mesure que le train s'éloignait de Gênes, Audrey éprouvait une sensation de plus en plus vive de liberté. Maintenant, elle avait vraiment le sentiment d'être en vacances. Déjà Alan et sa mère s'estompaient dans le brouillard enveloppant peu à peu ce que Miss Farrington laissait derrière elle, c'est-à-dire toutes les années où elle avait dû vivre sous la férule des autres. A Rome, elle passa une heure agréable à la Stazione Termini, se souvenant de ses impatiences lorsqu'elle était venue pour découvrir la ville admirable. De Rome à Naples, ce lui fut un perpétuel enchantement. Elle se fit aussitôt conduire au Macpherson's et, durant le trajet, elle admira le grouillement intense d'un peuple qui lui parut si heureux de vivre qu'elle en ressentit une sympathie spontanée pour ces Napolitains si différents de ses compatriotes.

Il était près de dix-huit heures lorsqu'elle eut terminé son installation à l'hôtel. Elle passa sa robe la plus simple, consulta un plan de la ville, prit un taxi pour la via Roma dans laquelle débouche le vico della Tofa où se trouvait le café dont

Aldo lui avait parlé. Revoir Aldo au plus vite pour le juger de sang-froid, en plein jour, lui paraissait le seul moyen de se guérir radicalement d'une obsession où l'Italie, le soleil et le garçon s'unissaient pour tenter de lui troubler l'esprit.

Dès ses premiers pas dans la vieille ville, Miss Farrington redevint une Anglaise qu'horrifiaient la saleté, le débraillé et le manque de pudeur. Était-il possible que le bel Aldo vécut dans un tel endroit ? Sur son passage, avec une audace révoltante, les hommes se détachaient des murs où ils s'appuyaient pour siffler d'admiration. Les femmes interrompaient les besognes ménagères pour la suivre des yeux. Arrivée devant le café d'Italo Sachetti, Audrey hésita à entrer. Des gaillards plongés dans des discussions véhémentes s'interrompirent pour la dévisager et — ignorant qu'elle entendait l'italien ou s'en souciant fort peu — échangèrent à haute voix des remarques flatteuses sur son anatomie, remarques qui firent ressembler le visage de la jeune fille à une cerise au plein de sa maturité. Aldo lui plaisait déjà beaucoup moins, car il devait moralement ressembler à ces voyous se conduisant à son égard de si abominable façon. Comme elle ne pouvait rester sur le trottoir en butte aux grossières appréciations de ces fainéants, elle entra. A l'intérieur, il n'y avait que quelques consommateurs qui se turent à sa vue. Audrey eut l'affreuse impression de se trouver sur la scène d'un théâtre populaire en face d'un public exclusivement masculin. Soudain, l'un de ces silencieux s'écria :

— Celle-là, pour une belle fille, c'est une belle fille!

Les autres firent chorus.

— Dis, Carlo, elle est mieux que ta Maria-Rosa!

— Tais-toi, Patrizio... que je me crois au paradis, en face d'un ange!

Un petit noiraud s'exclama :

— Si j'étais sûr que les anges soient comme ça, je me pendrais pour les rejoindre le plus tôt possible!

— Pauvre Emmanuele... ta femme serait capable de te suivre!

Derrière le comptoir, un homme plein d'une mauvaise graisse, aux yeux boursouflés, contemplait Audrey. Se rendant compte du désarroi de la jeune fille, il brailla :

— Et si vous les fermiez un peu vos gueules, bande de malappris? C'est des manières pour recevoir une signora qui me fait l'honneur d'entrer chez moi? Vous avez donc plus de moralité?

Et dans un sourire qui ressemblait à une grimace, il s'enquit :

— Vous désirez, signora?

Audrey dut s'imposer un effort pour répondre d'une voix audible :

— Le signor Italo Sachetti, s'il vous plaît?

— C'est moi, pour vous servir, signora.

Aux tables, on ne perdait pas un mot du dialogue.

— Aldo Garofani m'a écrit de m'adresser à vous si je voulais le voir?

— Mais bien entendu, signorina...

Miss Farrington nota, au passage, que le cafetier la ramenait au rang des demoiselles, Aldo n'ayant vraisemblablement pas l'habitude de s'en prendre aux femmes mariées. Sans bouger de sa place, Italo hurla :

— Andrea... ?

On entendit une galopade et un gosse parut sur le seuil, venant de la rue.

— Andrea, cours chez les Garofani annoncer à Aldo que quelqu'un le demande.

Miss Farrington ajouta :

— Vous direz que c'est Audrey...

Le gamin répéta trois fois ce nom étrange pour ne pas l'oublier et s'en alla en clamant : « Au-drey ! Au-drey ! Au-drey ! » et la jeune Anglaise à laquelle on avait si bien enseigné les vertus de la discrétion entendit son nom se répercuter à travers les ruelles du vieux Naples.

— Qu'est-ce que je peux vous offrir, signorina ?

Elle n'avait pas soif, mais ne tenait pas à désobliger cet aimable cabaretier.

— Ce... ce que vous voudrez.

— Alors, nous allons trinquer ensemble à vos amours avec un coup de Lacryma-Christi.

Audrey n'était pas encore revenue de cette effarante familiarité, qu'elle se voyait avec angoisse présenter un verre de vin blanc. N'ayant jamais bu que du thé, des sodas ou de l'eau, elle se mit à détester Aldo pour les épreuves ignominieuses que, sans s'en douter, il lui imposait. Dès qu'il se présenterait, elle l'entraînerait dans un coin de la salle et, là, elle lui exprimerait clairement sa façon de penser sur les Napolitains et leur manque d'éducation ; après quoi, elle lui adresserait un adieu définitif. Dès le lendemain, elle reprendrait le train pour Gênes. Certes, Alan manquait un peu de relief, mais il pratiquait, au moins, le savoir-vivre. Audrey fut ramenée à la minute présente par Italo qui, choquant son verre contre le sien, remarquait :

— Signorina, permettez-moi de vous confier qu'Aldo Garofani a bien de la chance!

Rêveur, il ajouta avec une mine gourmande :

— C'est vrai qu'il est beau, le coquin!

Pour s'éviter de répondre, Miss Farrington porta le verre à ses lèvres et but une gorgée. Contrairement à ce qu'elle redoutait, ce liquide se révélait pas mauvais du tout. Après une seconde gorgée, elle reconnut qu'il était même bon et, poursuivant son expérience, elle vida son verre avant que Sachetti eût terminé le sien.

— Hein ? Votre opinion, signorina ? Il est pas gentil, mon Lacryma-Christi ?

— Si... il est très gentil...

Cette approbation, qui parut transporter d'aise le cabaretier, valut à Audrey une nouvelle rasade. A ce moment, un des clients interrogea avec amertume :

— Aldo Garofani... Je me demande comment il s'y prend pour en dénicher de pareilles ?

— Tu es jaloux, Carlo ?

— Y a pas de quoi, non ?

Pour se donner la patience d'entendre la suite sans se mettre en colère, Audrey avala la moitié de son verre. Pénétrée par une chaleur aussi douce qu'agréable, elle décida qu'après tout, chaque peuple a ses habitudes...

— Moi, j'aurais une fille comme celle-là, je voudrais plus jamais dormir pour pas m'arrêter de l'admirer !

Un petit rire intérieur secoua l'Anglaise. Ces compliments un peu brutaux se révélaient quand même flatteurs. Il aurait fallu être de mauvaise foi pour ne pas le reconnaître. Pour se récompenser de sa propre franchise, elle finit son vin. Andrea qui jouait à la morra sur le trottoir passa la tête à travers le rideau de bambous qui défendait le café contre la poussière de la rue et les mouches pour crier :

— Voilà Aldo qui s'amène !

Le cœur d'Audrey se mit à battre follement. Serait-il heureux de la revoir ? Une rumeur montait de la rue ; elle n'y prit pas garde. Elle avança en direction de la porte. Il lui semblait marcher sur des nuages. Elle ignorait qu'elle était un peu ivre. Elle atteignit le seuil mais dut reculer précipitamment jusqu'au comptoir devant la troupe gesticulante qui envahissait le café et au premier rang de laquelle elle vit Aldo. Un gros homme, court sur pattes, s'approcha d'elle.

— La signorina Audrey ?

Éperdue, ne prévoyant absolument pas ce qui allait lui arriver, elle balbutia :

— C'est... c'est moi.

L'homme s'inclina très bas devant elle puis, se redressant, clama plutôt qu'il ne dit :

— Signorina, je suis Mario Garofani... Permettez-moi de vous dire ce que je pense de vous : vous êtes une sainte !

Miss Farrington resta sans voix. Enfin, qu'avaient-ils tous et successivement à lui attribuer des états civils célestes et, de plus, dans une religion qui n'était pas la sienne ?

— Car seule une sainte, signorina, peut agir comme vous l'avez fait ! Vous avez sauvé la vie de mon aîné, de mon Aldo... Il vous aime ! Nous vous aimons tous ! Et moi, Mario, je vous jure que vous pouvez disposer de mon existence quand il vous plaira ! Voulez-vous que je me tue sous vos yeux ?

La pauvre petite Anglaise, plongée dans cet univers délirant, ressemblait à un gibier traqué. Elle ne parvenait pas à deviner si on se moquait d'elle ou non. Elle se rendit pourtant compte qu'Aldo la contemplait avec adoration et que les autres paraissaient sincères. Devant son silence, le papa insistait :

— Un mot ! Un seul ! Et pour payer la vie de mon fils, je meurs à vos pieds !

Très poliment, elle refusa.

— Non, merci, vraiment...

Et ne sachant plus si elle vivait réellement cette scène abracadabrante ou si elle rêvait, Audrey vida d'un trait le verre qu'Italo Sachetti venait de remplir pour la troisième fois. Sans en prendre nettement conscience, elle se mit alors à rire, d'un rire perlé qui enchanta l'assistance, car les Garofani avaient amené leurs voisins auxquels s'étaient joints quelques fainéants traînant dans le quartier. Mario se tourna vers eux et, solennel :

— Cette enfant qui ressemble à un ange est venue d'Angleterre pour sauver mon Aldo qu'on était en train d'assassiner!

Et, incontinent, il se jeta dans une description enthousiaste de cet acte de courage auquel il n'avait pas assisté mais qu'il inventait au fur et à mesure qu'il le racontait, donnant des détails dont la précision soulignait la véracité du récit. Bercée par l'euphorie due au Lacryma-Christi, Audrey estima qu'il n'exagérait pas tellement et qu'en somme les choses auraient pu se dérouler de cette façon. On salua la fin du discours de Mario de bravos vibrants et Miss Farrington, acclamée, se redressa tout en se cramponnant un peu au comptoir, le Lacryma-Christi lui coupant les jambes. Intarrissable, Garofani s'adressa encore à la jeune fille :

— Signora, au nom de l'amour paternel et de la reconnaissance, laissez-moi vous embrasser?

Avant qu'elle ait pu esquisser le moindre geste de défense, Mario la prit dans ses bras et lui plaqua sur chaque joue un baiser-ventouse où fleuraient tous les parfums de la cuisine italienne. Elle reprenait son souffle lorsque le papa ordonna à son fils :

— Aldo, embrasse la signorina, elle le mérite!

Le sang au visage, Audrey ferma les yeux tandis qu'Aldo l'embrassait et lui murmurait à l'oreille :

— Ma chérie...

Il s'écarta. Miss Farrington ne voyait plus tous ces hommes qu'à travers une légère brume.

— Signorina... Giovanni, le mari de ma fille, sollicite la permission de vous embrasser à son tour pour vous remercier de lui avoir gardé son beau-frère!

Elle aperçut un jeune homme presque aussi beau qu'Aldo et qui lui aussi l'étreignit en disant :

— Aldo a bien de la chance...

Sans le vin, Audrey se serait sans doute évanouie. Jamais on ne l'avait tant embrassée. Terrifiée, elle se demandait si elle allait devoir subir les preuves de la tendresse reconnaissante de toute l'assistance? Elle ignorait qu'à Naples, en général, et chez les Garofani plus particulièrement, on s'embrassait aussi facilement qu'on se serrait la main. Mais Mario n'envisageait pas de partager avec d'autres ce qu'il considérait comme un privilège familial. Il prit gentiment, paternellement Audrey par le bras tout en disant :

— A présent, signorina, il faut venir voir la mama qui serait trop malheureuse si elle ne pouvait vous baiser les pieds!

Il y a des forces contre lesquelles les volontés les mieux trempées s'effritent et celle de la petite Anglaise en était arrivée à ce point qu'elle se laissa pousser, entraîner, tirer, porter et se retrouva dans la rue à la tête d'un cortège que les passants applaudissaient sans savoir pour autant ce qu'il signifiait. A l'entrée de la maison du vicolo Matteo, Garofani remercia les accompagnateurs qui le saluèrent une dernière fois et s'en furent vaquer à leurs occupations incertaines qui, pour la plupart, consisteraient à commenter l'événement dont ils venaient d'être les témoins au gré de leur fantaisie.

La mama, flanquée de Lauretta à sa droite, de

Gelsomina à sa gauche, ses six autres enfants devant elle sur une ligne et par rang de taille attendait au milieu de la cuisine le retour de ses hommes et de l'étrangère. Dans cette attitude, elle ressemblait à une déesse vieillie de la fécondité. A sa vue, Audrey, qui depuis son troisième verre de vin ne se posait plus de question, eut un hoquet de surprise. Mario la précéda d'un pas pour annoncer avec la sobriété d'un acteur de mélodrame :

— Serafina! la voilà!

Il y eut quelques secondes d'un silence dont chacun apprécia la qualité et pendant lequel la mama et l'Anglaise se dévisagèrent ; puis, la première, selon son habitude, lança une onomatopée d'une telle puissance qu'elle imposa à la jeune fille le rappel du troisième acte de la *Walkyrie* qu'une troupe allemande était venue jouer au *Sheldonian Theatre* d'Oxford ; ensuite — tel un éléphant d'Annibal bousculant le rideau d'infanterie chargé de le protéger — Serafina passa la ligne défensive de ses enfants et se jeta sur Audrey avec une telle impétuosité que celle-ci en manqua choir sur le sol. Mais la mama l'agrippa d'une poigne si ferme que Miss Farrington, incapable du moindre mouvement, dut subir une avalanche de baisers. Après quoi, se reculant pour la contempler, elle s'écria :

— C'est la plus belle fille que j'aie jamais rencontrée! Elle aura les plus beaux enfants du monde! Loué soit le Seigneur d'avoir permis qu'elle entre dans notre famille!

Malgré son étrange béatitude, due au Lacryma-Christi, Audrey rougit tout à la fois sous le compliment assené publiquement et sous la prédiction de ses futures maternités. Elle ne saisissait pas très bien le sens du remerciement adressé à Dieu, mais elle n'eut pas le temps de s'interroger plus avant, car la mama, secouée de sanglots, lui prenait les mains, les baisait avec passion tout en disant :

— C'est une mère qui te remercie de lui avoir gardé son fils! Désormais, tu es ma fille comme si tu étais née de ma chair!

Puis, lâchant l'Anglaise, elle ordonna à sa fille aînée :

— Lauretta, embrasse ta sœur!

Audrey trouva Lauretta bien sympathique sous son apparente fragilité. La toute jeune femme l'embrassa à son tour tandis que Mario expliquait :

— Giovanni est son mari...

Après, ce fut le tour de Gelsomina dont la beauté grave impressionna Audrey. Elle mettait une note de retenue dans l'ambiance extraordinaire des Garofani.

— Je suis Gelsomina, la femme de Rocco, celui qu'on a assassiné. Mon époux est mort et je suis aussi morte que lui.

En dépit du saugrenu de l'affirmation, Miss Farrington ne songea pas à s'en étonner. A peine Gelsomina l'eut-elle lâchée que la mama commanda :

— A vous, les petits!

Et Audrey fut assaillie par une avalanche d'enfants qui s'accrochaient à elle pour lui embrasser qui les mains, qui les bras alors que les plus grands lui sautaient au cou. Parmi les cris joyeux, les claquements des baisers, la jeune fille entendait des prénoms qu'égrenait Mario :

— Giuseppe... Bruna... Pamela... Alfredo... Tosca... Benedetto.

Les effusions terminées, on fit visiter l'appartement à la nouvelle venue. La pauvreté du décor lui serra le cœur. Était-il possible qu'on pût vivre dans de pareilles conditions ? Des paillasses, des meubles branlants, des murs blanchis à la chaux, pas d'électricité... quant à l'eau, il fallait se contenter de celle qu'on allait chercher avec des seaux, dans la rue. Ainsi, voilà quel était le pitoyable cadre où vivait Aldo... et ces malheureux semblaient très fiers de leur dénuement. Ce fut plus fort qu'elle :

— Vous vivez tous... là ? demanda-t-elle.

La mama répondit avec orgueil :

— Oui et nous sommes treize !

— Vous... vous ne vous sentez pas... serrés ?

La bonne femme eut un rire plein de chaleur :

— On est tous ensemble, que peut-on souhaiter de mieux ? Mais on vous fera une place, n'ayez pas peur !

A cette perspective, Audrey eut un frisson et elle se hâta de dire :

— J'ai ma chambre à l'hôtel...

Il y eut un instant d'indécision. Mario sauva la situation en annonçant :

— C'est demain que nous enterrons le pauvre Rocco...

Un gémissement lugubre courut dans la pièce.

— ... Et vous conduirez le deuil avec nous, signorina Audrey ; vous en avez le droit !

Avant que Miss Farrington ait pu répondre, la porte s'ouvrit devant un homme ne ressemblant pas au reste de la famille. Grand et sec, il paraissait dépourvu de l'exubérante vitalité des Garofani. Mario alla vers le nouveau venu :

— Dino... voilà Audrey, celle qui a sauvé Aldo !

L'homme vint jusqu'à la jeune fille qui, résignée, s'apprêtait à subir une nouvelle embrassade, mais l'autre se contenta de lui serrer la main en affirmant :

— Nous vous en sommes bien reconnaissants, signorina.

Serafina crut bon de préciser :

— Dino est le frère cadet de mon mari...

Peu soucieux d'entamer une conversation avec l'Anglaise, Dino rejoignit Gelsomina et, à la seule façon dont il regarda la veuve, Audrey comprit qu'il en était profondément épris.

Serafina prit Miss Farrington par le bras :

— Vous devez avoir faim ? Aimez-vous la pizza ?

— Je n'en ai mangé qu'une fois, à Rome.

— La mienne est la meilleure de Naples.

Sur un ordre de sa mère, Lauretta distribua à tout le monde la « meilleure pizza de Naples » et chacun, incontinent, se mit à dévorer à belles dents avec l'application que mettent tous les pauvres gens à se nourrir.

— Alors ? Comment vous la trouvez ?

— Excellente !

La mama se rengorgea. Décidément, elle était bien sympathique cette jeune fille et Aldo serait sûrement heureux avec elle. Mario eut terminé le premier. S'essuyant la bouche du dos de la main, il déclara :

— Maintenant que vous êtes quasiment de la famille, signorina, on n'a pas de secret pour vous...

Et s'adressant à tout le monde :

— ... L'enterrement du pauvre Rocco doit pas nous faire oublier nos autres soucis. Costantino Garazzi m'a fait prévenir d'aller le voir après la cérémonie... Il dit qu'il a de bonnes nouvelles...

Serafina l'interrompit :

— Pour la première fois où elle entre chez nous, c'est pas des histoires à raconter à la signorina... Il vaut mieux parler de choses plus gaies. Quand est-ce que vous vous mariez, Aldo et vous ?

Seul, un réflexe de bonne éducation empêcha Audrey de recracher le morceau de pizza que la surprise lui faisait avaler de travers. Sans y être préparée, elle se trouvait placée devant un dilemme que la sincérité, la bonne foi et l'incroyable absence de tout sentiment de mesure chez ces braves gens rendaient affreusement difficile à trancher. Ou elle leur disait la vérité et ils ne la croiraient pas, ou elle feignait de donner dans leur jeu, juste le temps de s'échapper et de regagner Gênes. Mais, dans les deux cas, elle savait qu'elle leur infligerait un chagrin dont, par avance, elle éprouvait de la peine. Heureusement, Aldo se porta à son secours :

— On en parlera plus tard, mama... On se connaît pas encore bien, Audrey et moi.

— Quand on s'aime, on peut aussi bien faire connaissance après.

Lauretta insista :

— J'aimerais bien qu'Audrey reste avec nous.

Quoique touchée par cette marque évidente de sympathie, l'Anglaise ne put réprimer un frisson à la perspective de ce que ce souhait lui proposait. Giovanni soutint le point de vue de sa femme :

— Si vous viviez avec nous, signorina, nous aurions les deux plus belles filles du quartier dans notre maison !

Ne sachant que répondre, Audrey souriait, mais elle aurait voulu se trouver à cent lieues de là. Elle opta pour une dérobade sans gloire :

— Je vais vous quitter, je suis un peu lasse...

Avant d'être libérée, elle dut subir une nouvelle fois le rite des embrassades. Sur l'ordre de son père, Aldo la reconduisit.

Alors qu'ils abordaient la pente menant au corso Vittorio Emmanuele II où se dresse l'hôtel Macpherson's, Aldo lui prit la main. Audrey la retira très vite.

— Vous êtes fâchée, n'est-ce pas ?

Elle protesta mollement :

— Mais non...

— Si. Vous nous en voulez d'êtres pauvres, mais qu'est-ce que ça fait puisque nous nous aimons ?

Il était temps de mettre les choses au point.

— Aldo, écoutez-moi et soyez raisonnable. Vous

avez bâti tout un roman sur le fait que je vous ai sauvé par hasard. Je ne souhaite pas vous blesser, mais il faut comprendre que nous appartenons à des milieux très différents... Je ne pourrais pas vous emmener à Londres et, moi, je me sens incapable de vivre ici comme vous. Je vous demande pardon, mais j'ai besoin d'argent pour être heureuse. J'ai poursuivi des études difficiles ; il n'est pas possible que ce soit pour rien...

— Quelle importance ? Vos études, l'argent, nos conditions sociales ne comptent pas devant l'amour, voyons ?

— C'est que... justement, Aldo... je ne vous aime pas.

Il accusa le coup et sa voix trembla :

— Alors, pourquoi êtes-vous venue à l'hôpital ?

— On s'intéresse toujours à ceux qui vous doivent la vie.

— Et votre voyage à Naples ?

— Il y a longtemps que je désirais visiter cette ville. Ne pensez pas que je méprise vos parents ; ils sont très gentils, mais, franchement, c'est impossible... Je regrette de vous avoir laissé vous monter la tête et... je vous demande pardon si j'ai été un peu... imprudente...

Sans répondre, il s'écarta brusquement et, tournant les talons, redescendit vers la vieille ville sans prendre congé. Elle eut un petit pincement au cœur en songeant qu'elle ne le reverrait plus. Mais puisqu'il fallait que cela arrive, n'était-ce pas mieux ainsi ?

A la fenêtre de sa chambre d'où elle découvrait

la baie de Naples illuminée, Audrey jugeait sereinement sa conduite. Elle l'avait échappé belle! Ce serait une jolie histoire à raconter plus tard. Elle se força à rire et son rire sonna faux. Soudain, elle pensa à Éric Obson, son professeur de Somerville College, et elle se souvint de ce qu'il lui avait dit sur Naples tandis qu'il faisait allusion, à mots couverts, à une expérience personnelle. Lui la comprendrait puisque, pareillement, elle aurait eu son aventure napolitaine...

Convaincue qu'Aldo avait mis ses parents au courant de leur rupture, elle ne redoutait plus l'assaut des Garofani et décida de rester quelques jours encore à Naples. C'eût été trop bête de gâcher cette occasion de connaître la ville et ses environs. Se retrouvant maintenant dans son cadre naturel d'Anglaise riche, les événements passés lui apparaissaient un peu irréels et elle n'en conservait plus qu'un souvenir attendri et amusé. Au moment où elle s'apprêtait à sortir, on la prévint qu'un signor ayant refusé de donner son nom mais arguant qu'il était un ami de la signorina l'attendait dans le hall. Au ton méprisant de son interlocuteur, Miss Farrington comprit qu'il ne s'agissait pas d'Aldo. Intriguée, elle descendit et, partagée entre l'étonnement et la colère, se trouva en présence de Mario Garofani. Rasé de frais, pommadé, empestant de loin le parfum à bon marché, il portait au bras un crêpe de deuil qui s'étendait sur une longueur inusitée. Les gens de la réception le contemplaient avec un intérêt moqueur tandis que Garofani paraissait fort dépaysé dans cette ambiance luxueuse. En apercevant la jeune fille, il se précipita :

— Signorina!

— Vous, signor Garofani? Que désirez-vous? Un instant, il parut déconcerté, mais il se reprit très vite et, avec un bon sourire :

— Auriez-vous oublié qu'on enterre Rocco aujourd'hui?

Aldo n'avait donc pas parlé... Audrey balança de mettre le père au courant, mais l'éventualité d'une crise de larmes, de supplications l'épouvanta et, honteuse, elle s'entendit répondre :

— Pardonnez-moi, je l'avais, en effet, oublié...

Le soulagement qui éclaira le visage de Mario l'attendrit :

— Alors, j'ai bien fait de venir vous chercher!

Ce fut finalement elle qui l'entraîna pour échapper à la curiosité goguenarde des clients et du personnel.

Ayant revêtu un deuil pittoresque selon leurs moyens limités et où l'imagination avait, sans aucun doute, joué un plus grand rôle que l'observance stricte des règles en usage, toute la famille alignée contre le mur de la maison de San Matteo attendait.

Miss Farrington observa que la mama semblait en équilibre précaire sur ses chaussures aux talons exagérément hauts. Si les hommes s'étaient contentés d'un brassard de crêpe normal, Gelsomina et Serafina, empêtrées dans leurs voiles de deuil, ressemblaient aux Érinnyes de la fable en représentation dans un théâtre villageois. Leurs vêtements, vraisemblablement empruntés, leur donnaient des silhouettes cocasses. Audrey nota qu'Aldo s'efforçait de ne pas la regarder et elle leur fut reconnaissante à tous de l'accueillir avec discrétion. Le corbillard des plus simples, attelé à une haridelle neurasthénique, était conduit par un vieux étrangement costumé et qui paraissait plongé dans une somnolence dont rien ne semblait devoir le tirer. Des hommes, parmi lesquels Audrey reconnut quelques-uns de ceux qui buvaient la veille chez Italo Sachetti — se tenant lui-même au premier rang de l'assistance massée de l'autre côté de la rue — s'engouffrèrent dans la maison d'où ils ressortirent peu après en portant sur les épaules la bière où gisait Rocco Esposita, ramené le matin même afin qu'il pût, comme il se doit, quitter sa maison pour gagner le cimetière.

Lorsque la bière fut placée sur le corbillard, les femmes du clan Garofani commencèrent à se lamenter, à gémir, à pousser des cris déchirants coupés de sanglots profonds et tout cela mystérieusement rythmé ainsi qu'une sorte de lente mélopée. Quand elles reprenaient leur souffle, un chœur anonyme issu de la foule des curieux leur répondait. L'Anglaise, tout en s'en voulant de cette question, se demanda si, de part et d'autre, on ne prenait pas un certain plaisir à ce désespoir cadencé. Mais elle se perdit dans la plus grande perplexité en voyant une douzaine de musiciens portant des flûtes, des trombones, des trompettes et des cornets à piston se ranger derrière la voiture mortuaire. Un des clients d'Italo Sachetti, faisant office d'ordonnateur, pria la famille de se ranger à la suite des musiciens. Mario se plaça en tête, entouré de Dino et d'Aldo ; Giovanni se tenant légèrement à l'écart. Pour les femmes, Gelsomina, que soutenaient Lauretta et la mama, conduisait le deuil. Pamela, appelée en renfort, servait de point d'appui à Serafina. Audrey se mit à côté de Lauretta. Les plus jeunes enfants devant rester à la maison hurlaient leur dépit d'être privés de cette balade inhabituelle. Une voisine obligeante les fit rentrer précipitamment. En s'ébranlant, le corbillard déclencha du même coup les premières notes d'une marche funèbre à laquelle les musiciens imprimaient une allure assez guillerette. La voiture parut haler l'orphéon qui sembla remorquer la famille et toute la rue suivit.

Audrey ne parvenait pas à prendre ce convoi funèbre au sérieux. Mais, à Naples, est-il possible de prendre au sérieux même la mort ? Elle se représentait le visage de ses parents et plus encore celui d'Eileen Raston s'ils la regardaient défiler parmi cette troupe gémissante auréolée de musique. Le cortège traversa toute la moitié sud de la vieille ville pour gagner l'église de la Trinita degli Spagnoli. L'office funèbre terminé, chacun reprit sa place derrière le corbillard, sauf les musiciens qui se portèrent en tête du convoi qui démarra sur le rythme sautillant d'un morceau avec lequel ces braves gens devaient faire danser la jeunesse le samedi soir. Le cheval neurasthénique en parut revigoré et tira plus gaillardement sa charge. Le curé et ses clergeons tendirent le jarret sous leurs soutanes. Audrey s'aperçut que Mario battait la mesure avec des hochements de tête et que Gelsomina, tout comme Serafina, se laissant enjôler par la musique, avaient des plaintes à allure de trilles qui meublaient les creux musicaux.

Le cimetière se trouvait assez loin. Sous l'éclatant soleil de midi, au hasard des cafés rencontrés, le cortège fondait. La mama, ayant enlevé ses souliers, marchait pieds nus. Lauretta tirait Gelsomina épuisée. Derrière, les plus faibles perdaient du terrain. Le bel élan du départ s'achevait dans une débandade sans gloire. Quand on descendit la bière dans la fosse, au cimetière, les choses reprirent une certaine gravité. Gelsomina poussa un cri aigu qui monta se ficher dans l'azur du ciel où il vibra longuement. Serafina et Lauretta lui firent écho sur le mode mineur. Lorsque le prêtre, les prières dites, les bénédictions données, se fut retiré pour monter dans le corbillard qui le ramènerait à son église, Gelsomina voulut se jeter dans le trou béant pour rejoindre son mari. Dino dut l'empoigner à bras le corps. Elle hurla :

— Rocco ! Ne t'en vas pas ! Reste avec moi ! Attends-moi, nous partirons ensemble ! Que veux-tu que je devienne sans toi ?

Cette fois, Audrey se sentit émue par cette douleur hagarde. Rocco ne répondant pas — et pour cause — aux appels pathétiques de sa veuve, celle-ci se tourna vers ce qui restait de l'assistance :

— On m'a tué mon mari ! Mon Rocco qui avait jamais fait de mal à personne... Je vous demande, gens de San Matteo... est-ce que les assassins doivent payer le prix du sang ?

D'une seule voix, tous répondirent :

— *Si !*

Miss Farrington se croyait transportée bien des siècles en arrière, sur le forum romain, au moment où Marc-Antoine, penché sur le cadavre de César, haranguait ses concitoyens.

Ils marchaient côte à côte, en silence. Il demanda :

— Vous allez partir, n'est-ce pas ?

— Oui.

Ils arrivaient au corso Emmanuele II.

— Vous voulez bien qu'on s'asseye un moment puisque je vous verrai plus ?

Ils prirent place sur un banc. Tenant à éviter une scène pénible, Audrey s'enquit :

— Vous ne travaillez jamais, Aldo ?

— Pour quoi faire ?

— Mais... ne serait-ce que pour vivre ?

— Oh ! je me débrouille toujours pour trouver les quelques lires dont j'ai besoin...

Il y eut un court silence avant qu'il n'ajoute :

— Si vous m'aviez aimé comme je vous aime, je serais peut-être devenu pêcheur comme Dino.

A quoi bon tenter de lui faire comprendre que la fille de Douglas et Lucy Farrington attendait autre chose de la vie que d'être la femme d'un pêcheur napolitain. Un peu énervée, elle répliqua :

— Il n'y a tout de même pas que l'amour dans la vie!

Il la regarda avec étonnement :

— Et... qu'est-ce qu'il y a d'autre?

Elle lui fut reconnaissante — se sentant incapable de le renseigner — de ne pas insister. Montrant Naples étalé à leurs pieds, il dit :

— Elle est belle, ma ville...

Préférant ce sujet, elle s'empressa d'approuver :

— Très belle.

— Vous pouvez pas la quitter sans la connaître à fond.

— Si je m'en vais, Aldo, ce sera à cause de vous.

— Bon. Si vous l'acceptez, je serai un guide comme les autres... Vous viendrez juste encore un peu chez nous pour les habituer à votre départ...

— Mais enfin, c'est insensé! Qu'est-ce qui a pu porter votre mère à croire que nous allions nous marier?

Il haussa les épaules.

— Simplement parce qu'elle sait que je vous aime et qu'elle s'imagine que vous m'aimez puisqu'elle m'aime... Alors? Vous restez?

— A condition que vous me promettiez de ne plus parler de tout cela?

— Je vous le promets. Demain matin, nous visiterons la Riviera di Chiaio.

Elle lui tendit la main. Il ne la prit pas, s'excusant dans un sourire :

— Une cliente serre pas la main de son guide, signorina.

A la réception du Macpherson's on lui apprit qu'un signor Raston avait téléphoné pour demander de ses nouvelles et qu'on s'était permis de répondre que Miss Farrington semblait se bien porter. Cher Alan... si dévoué, si correct, sachant si bien ce qui se fait et ce qui ne se fait pas... L'éloignement le rendait sympathique, et décantant son caractère, il n'en laissait filtrer que les qualités. Mécontente d'elle, s'en voulant d'avoir cédé à la prière d'Aldo, bourrelée de remords, elle écrivit une longue lettre à Alan où, pour lui témoigner son amitié, elle lui mentit du commencement à la fin. Elle ne se montra sincère que dans sa conclusion, l'assurant qu'elle ne tarderait pas à regagner Gênes. Il est vrai qu'elle y était fermement résolue, tant sa situation lui apparaissait de plus en plus absurde.

Jamais encore une fille n'avait résisté à Aldo, à part Orsola, bien que celle-là, il l'eût sûrement fait céder s'il l'avait vraiment voulu. Son premier échec, il le connaissait auprès de la seule qu'il aimait autrement que pour se distraire. Il aurait voulu la battre, l'injurier, l'humilier, puisqu'il ne pouvait la serrer dans ses bras. Intelligent, doué de la finesse propre à ceux de sa race, il comprenait ce qui lui avait échappé jusqu'ici. La différence sociale entre Audrey et lui s'affirmait telle que rien, jamais, ne pourrait la combler. Il en aurait pleuré de rage et de dépit. Il en voulait à la terre entière de n'être pas autre chose qu'un pauvre garçon. Ne tenant pas à rentrer tout de suite chez lui, il marcha pour tenter de dissiper cette colère qui lui remuait le sang. Il rencontra Fiorella et ne fit rien pour l'éviter. Une manière de se venger du dédain de Miss Farrington.

— Tu en as une drôle de figure, Aldo ?

— C'est une idée, Fiorella mia...

— Oh ! Oh ! Te voilà bien aimable tout d'un coup ? Tu te serais pas disputé avec ton Anglaise, par hasard ?

Il mentit par habitude.

— Qu'est-ce que tu racontes ? Quelle Anglaise ?

— Joue pas les mystérieux, Aldo ! Toute la ville est au courant que tu vas épouser une Anglaise ! Ta mère le répète partout.

— Tu sais bien que la mama, elle parle... elle parle...

— Je sais surtout que le jour où tu diras la vérité, on verra des ours blancs dans le port ! T'en as honte ou quoi de ton Anglaise ? Je l'ai vue ce matin à l'enterrement. Elle serait plutôt jolie pour ceux qui aiment les blondes maniérées. J'aurais pas pensé que ce soit ton genre, mais faut croire que les filles d'ici sont plus à ton goût... Eh bien ! garde-la ta blonde, on ira pas te disputer à elle !

Et, tournant le dos au garçon, elle s'éloigna en balançant les hanches, ce qui donna envie à Aldo de la rattraper et de lui flanquer une paire de gifles, mais comme ce devait être ce qu'elle souhaitait, il s'abstint et continua son chemin en se disant que la vie se révélait beaucoup plus compliquée qu'il ne se l'était figurée jusqu'ici. Au moment où il longeait le jardin de Santa Anna, un gamin l'appela. Garofani reconnut Tomaso, le jeune frère d'Orsola. Le petit le rejoignit en courant.

— Aldo ! Ma sœur, elle m'a donné deux lires pour surveiller la rue et pour te demander de l'attendre si je te voyais. J'ai déjà gagné deux lires hier et avant-hier et le jour d'avant !

— T'as qu'à pas lui dire que tu m'as vu, comme ça tu auras encore deux lires demain !

Visiblement tenté, le bambin réfléchit, puis décida :

— Non, ça serait pas honnête et, Orsola, elle est gentille...

Aldo soupira. On ne lui épargnerait rien ce soir...

— Bon. Va la chercher, mais qu'elle se dépêche.

Orsola arriva très vite.

— Bonsoir, Aldo.

— Bonsoir, Orsola.

— Il y a longtemps que t'es pas venu ?

— J'étais occupé.

Doucement, elle chuchota :

— Tu m'aimes plus ?

— J'ai pas le cœur à discuter de ça.

— Tu m'aimes plus, je le sais. C'est parce que j'ai pas voulu te donner ce que tu me demandais ? Il n'y aura qu'un garçon dans ma vie, Aldo. Si tu l'avais souhaité, ç'aurait été toi.

Il la prit aux épaules.

— Orsola mia. Je pourrais jamais t'épouser.

— Pourquoi ?

— Parce qu'on se marie pas avec un mort.

— Un mort ? Mais t'es pas mort ?

— Si... en dedans.

En entrant dans le vicolo San Matteo, Aldo devina qu'il s'y passait un événement anormal. Il lui parut que ceux qui le croisaient le regardaient d'une drôle de façon. Au fur et à mesure qu'il approchait de sa maison, il se sentait plus oppressé. A quelques pas de chez lui, une matrone lui cria :

— Aldo ! Ton pauvre père !

Le garçon en eut les jambes coupées. Il rejoignit la bonne femme.

— Il est arrivé quelque chose au papa ?

— On l'a ramené tout plein de sang, que c'était affreux ! Mais il se trouvait donc pas chez lui, le Bon Dieu, pour qu'on ait pu faire un tel crime ?

Son père... Il l'aimait bien, son bon gros papa. Sans lui, la vie ne serait plus la même... Il murmura, la gorge serrée :

— Tu l'as vu ?

— Non, on me l'a dit.

De la rue, on entendait la mama dont la viox puissante dominait un chœur éploré. Aldo s'enfonça dans l'escalier. Sur le palier, Guiseppe le guettait.

— Le père ?

— Un simple accident... Un peu écorché, mais il a eu peur, le pauvre !

Tout le monde se trouvait rassemblé dans la chambre des parents, sauf Giovanni et Lauretta partis au cinéma. Aldo les écarta tous pour voir Mario. On l'avait étendu tout habillé sur le lit. Des pansements légers appliqués sur sa joue, sur son front, sur son avant-bras, sur la cuisse dont le pantalon déchiré laissait voir la nudité poilue prouvaient que le mal n'était pas grand. Mario les paupières closes, ressemblait à un gisant. Seules les larmes coulant le long de son nez indiquaient qu'il appartenait encore au monde des vivants.

— Papa... t'es pas mort?

Garofani n'ouvrit qu'un œil, sans doute pour bien montrer à l'assistance l'état de faiblesse où il était et chuchota :

— Je suis pas mort, Aldo, mais il s'en est manqué de si peu que c'est comme si je l'étais...

Rassuré, Aldo se mit à rire. Furieux, Mario se redressa en hurlant :

— Alors, dénaturé, que ton père ait failli mourir, ça te fait rigoler?

La mama se précipita et, prenant son mari aux épaules, l'obligea à se rallonger.

— Calme-toi, malheureux, que tu vas te donner de la fièvre!

Mario se débattait sous la poigne de Serafina.

— Laisse-moi! Je veux mourir puisque personne me prend au sérieux!

Et écartant les bras dans un grand geste indigné :

— Vous auriez donc voulu que je meure pour me respecter?

Une série de gémissements dont les timbres variaient avec l'âge de chacun le rassura quant à l'angoisse de sa famille. Rasséréné, il ajouta :

— Il faut que mon fils aîné sache que son père a été assassiné.

Aldo sursauta.

— Assassiné ?

Tous à la fois donnèrent des explications et dans le vacarme, le garçon perçut :

— On l'a écrasé!... La vie lui partait de partout!... C'est les agents qui l'ont ramené!... O Santa Madonna!... C'est la fin du monde!... Et si j'étais veuve maintenant, qu'est-ce qu'ils deviendraient mes pauvres orphelins ?

Ces derniers se mirent à brailler de désespoir à la perspective de ne plus avoir de père. Gelsomin a voulut les obliger à se taire et, n'y parvenant pas, distribua quelques gifles qui redoublèrent les cris. Furieuse, la mama pria sa sœur de ne pas frapper de malheureux gosses trop sensibles qui pleuraient leur papa. Gelsomina répliqua que Mario était vivant alors que d'autres qui le valaient bien avaient cessé de vivre. Serafina la traita de sans cœur. La veuve répondit sur le même ton. Pamela prit le parti de sa mère et eut à l'égard de sa tante des paroles déplacées. Giuseppe, qui admirait Gelsomina, cria à sa sœur de se taire et comme elle n'obéissait pas, il la gifla. Voyant frapper Pamela, les enfants se jetèrent sur Giuseppe au secours duquel vola Gelsomina. La mêlée devenait générale lorsque Mario, se dressant sur son lit de douleur, cria :

— Assez !

Surpris par cette preuve inattendue de vitalité, ils se turent et Garofani, promenant un regard souverain sur la famille, conclut :

— Si j'avais pas déjà la fièvre, vous me la donneriez !

Confus, ils baissèrent la tête. Mario accentua son avantage :

— Serafina, embrasse ta sœur, et toi, Pamela, embrasse ton frère. Que si je dois rendre l'âme, je vous laisse au moins réconciliés!

Les sanglots remplacèrent les cris et, cédant une fois de plus au rite qui leur était cher, ils se précipitèrent tous dans les bras les uns des autres. Entrant à ce moment-là, Dino ne parut pas autrement surpris. Gelsomina le mit au courant et Mario expliqua son malheur :

— Je revenais de chez Garazzi et ce qu'il m'avait appris m'avait porté un tel coup que j'ai senti le besoin de me rendre chez Sachetti pour boire un verre. Mais au moment où je me préparais à entrer chez Italo, une petite voiture qui me suivait depuis un moment fonce sur moi, et je crois que si les autres n'avaient pas crié, ce qui me fit sauter de côté, je serais mort maintenant. La voiture des assassins, elle est montée sur le trottoir et puis elle a foncé vers la via Roma. Tout le monde me croyait mort. Je le croyais aussi. De braves cœurs m'ont relevé et emmené chez le pharmacien. On a voulu me tuer comme on a tué Rocco!

Toujours aussi calme, Dino remarqua :

— C'est possible... mais c'est possible aussi que ce soit un accident.

Serafina s'indigna :

— Alors, pourquoi il se serait sauvé cet écraseur du diable?

— Par peur.

Mario démolit cette hypothèse.

— Non, Dino... On a voulu me tuer, je te dis, pour que je vous raconte pas ce que Garazzi m'a confié...

— Et qu'est-ce qu'il t'a donc appris?

— Les Signori savent qu'il y a dans Naples un garçon qui dépense beaucoup d'argent ces temps-ci, un garçon qui d'habitude est toujours à la recherche de quelques lires et qui rôde du côté de San Pietro Martire.

— Qui est-ce?

— Ils le savent pas encore, mais fais-leur confiance, ils le sauront... Seulement, ils voudraient bien qu'on se mette en chasse, nous aussi!

Aldo approuva :

— Ils ont raison. C'est à nous de venger Rocco!

Amer, Mario souligna :

— Et mon assassinat, tu le comptes pour rien?

— Bien sûr que si! Ils paieront tout à la fois!

Dino persistait à ne pas être convaincu :

— Rien prouve que l'accident ne soit pas un accident...

Alors, Garofani, triomphant, affirma :

— Si, Dino. J'en ai la preuve!

Et il sortit de sa poche un billet qu'Aldo lut à haute voix :

Premier et dernier avertissement! contente-toi de vendre ta pizza, Mario, et cherche donc pas à trop savoir...

Dino ne se rendait pas facilement :

— Comment on t'a donné ce papier ?

— Un complice de l'écraseur l'aura glissé dans ma poche pendant qu'on me ramassait. Ils avaient bien combiné leur coup, va !

Qu'on s'en soit pris à son père emplissait Aldo d'une rage meurtrière.

— Papa... Garazzi t'a pas dit comment il était fait ce voyou ?

— Non... Tout ce qu'on sait, pour le moment, c'est qu'il a une cicatrice sur la joue.

Aldo poussa une sorte de grognement de plaisir.

— C'est lui qui a tué l'oncle ! Je vous l'ai pas dit, mais le type qui a essayé de me poignarder portait une cicatrice. On va les avoir, ces maudits ! On dira à Giovanni d'aller vendre la pizza à la place du père demain... Pamela et Giuseppe rôderont du côté de San Pietro Martire pour tâcher de repérer ce type à la cicatrice... Alfredo et Tosca feront de même... C'est d'eux qu'on se méfiera le moins... Moi, je vais entrer dans tous les cafés de la vieille ville. Gelsomina fera bavarder les femmes. Pour toi, Dino...

— Moi, je vais à la pêche, car il faut manger.

Une fois de plus, on eut l'impression pénible que Dino s'écartait de la famille. Une gêne se glissa entre eux qu'Aldo tenta de dissiper en affirmant d'une voix résolue :

— Maintenant, c'est à nous de jouer et nous vengerons Rocco.

Ils le crurent parce que, subitement, ils découvraient en lui un chef.

CHAPITRE V

— Mère... j'ai reçu une lettre d'Audrey.

— Cela ne m'intéresse pas.

— Une lettre très aimable, très gentille...

— Et alors ?

— Je... Enfin, je pense qu'elle ne tardera pas à revenir.

— Vous agirez comme vous l'entendez, Alan, mais en aucun cas, je ne reverrai « cette personne » qui s'est conduite à mon égard d'une façon...

— Elle est impulsive, mère...

— Cela signifie-t-il, mon fils, que vous prenez son parti contre moi ?

— Mère !

Dans la salle à manger du Bristol, Eileen Raston écoutait son fils lui parler de Miss Farrington. Elle constatait, avec amertume, que la tendresse d'Alan pour la jeune fille ne paraissait pas avoir souffert de la fugue de cette dernière.

— Dois-je comprendre, Alan, que vos projets en ce qui concerne « cette personne » n'ont pas changé ?

— Excusez-moi, mère, mais... non.

— Mon pauvre enfant, je vois bien que « cette personne » nous séparera et que votre abandon sera le prix de tant d'années consacrées à vous seul!

— Comment pouvez-vous parler ainsi, mère? Vous savez très bien que je ne vous quitterai jamais!

— En tout cas, n'espérez pas que je vivrai un jour sous le même toit que « cette personne ».

Mrs Raston poussa un soupir :

— Je regrette que vous n'ayez pas plus d'amour-propre. Dieu seul sait ce que « cette personne » est en train de faire à Naples!

Audrey, en compagnie d'Aldo, en était à son dixième bistrot dans la vieille ville. Elle commençait à perdre toute lucidité et se répétait simplement que le jeune Napolitain usait d'une manière bien à lui pour visiter Naples. Si Mrs Raston l'avait vue, elle eût triomphé. A dire vrai, Miss Farrington ne pouvait s'en prendre qu'à elle. Le matin, lorsqu'Aldo était venu la chercher au Macpherson's pour lui annoncer qu'il renonçait à lui servir de guide, car il voulait se consacrer entièrement à la recherche des assassins de Rocco qui avaient essayé de tuer son père, elle s'était offerte à l'aider dans la mesure de ses moyens. L'aventure amoureuse se compliquant d'une histoire de vengeance la plongeait trop bien dans ce climat dont elle éprouvait la nostalgie pour qu'elle n'y adhérât point d'enthousiasme. Par scrupule, cependant, elle remarqua :

— C'est dangereux, Aldo. Vous risquez d'être tué à votre tour?

Il répondit d'une voix morne :

— Quelle importance maintenant?

— Pourquoi maintenant?

— Puisque vous m'aimez pas, pour quelles raisons je tiendrai à la vie?

La conversation risquant de prendre un tour dangereux, elle garda le silence, mais comme ils passaient devant l'église San Carlo alle Mortelle, elle lui jeta un coup d'œil de côté et elle retrouva le gentilhomme florentin du palazzo Bianco, à Gênes. Aldo rompit l'enchantement par une question des plus triviales :

— Vous avez de l'argent?

— Mais oui, bien sûr... Pourquoi?

— Parce qu'il va falloir consommer dans les cafés que nous visiterons pour tâcher d'avoir des renseignements et j'ai pas le sou.

Gênée, elle lui tendit un billet de mille lires qu'il prit avec une tranquille impudeur.

— C'est un prêt... Je vous le rendrai sitôt que nous aurons remis la main sur...

Il s'arrêta pile, se mordant les lèvres comme s'il regrettait d'avoir trop parlé. Audrey eut une illumination.

— ... Sur ce qu'on vous a dérobé à la Villetta di Negro?

— Oui.

— Qu'était-ce donc?

— Plus tard, je vous le dirai.

Ils passèrent la matinée entière à errer dans les

petites rues entre la Trinita dei Spagnoli et la Madonna delle Grazie. Ils entrèrent dans nombre de cafés où ils consommèrent en prêtant l'oreille aux propos des clients, tentant d'apprendre quelque chose sur un certain garçon marqué d'une cicatrice à la joue. Audrey s'amusait follement de ce rôle de détective amateur. De plus, à force de boire, elle était plongée dans un état euphorique qui l'incitait à trouver tout beau, tout agréable. Par contraste, au fur et à mesure qu'elle devenait plus gaie, Aldo se renfrognait. Un peu avant midi, un consommateur ayant risqué une remarque des plus osées sur la beauté de la petite Anglaise et les sentiments qu'elle lui inspirait, Aldo sauta à la gorge de l'insolent et Audrey eut toutes les peines du monde à l'entraîner dehors.

Maintenant que Gelsomina se promenait, sur l'ordre d'Aldo, pour essayer d'obtenir des indications au sujet des assassins de son mari, la mama restait seule pour préparer la pizza. Elle pétrissait la pâte avec fureur. Tout lui retombait toujours dessus ! Ils la prenaient pour quoi, les autres ? Jusqu'à sa fin, alors, il lui faudrait se crever à la tâche ? Si on n'était pas bonne chrétienne, il y aurait de quoi maudire le Seigneur d'avoir permis que vous veniez au monde ! Mais aussitôt Serafina eut honte de cette vilaine pensée et, fermant les yeux, elle adressa une courte prière à sainte Reparate pour qu'elle obtienne que l'Éternel oublie ses propos sacrilèges. Apaisée, elle se remit à la pizza. De temps à autre, elle s'interrompait, gagnait la fenêtre et hurlait :

— Bruna...? Benedetto...?

Elle tendait l'oreille jusqu'à ce que la rue lui apportât l'écho de la voix des deux gosses :

— On est là, mama...!

— Ça va! Soyez sages!

Rassurée, elle retournait à son occupation qu'elle abandonnait de nouveau pour aller écouter à la porte de la chambre où Mario se remettait de ses blessures et de ses émotions. Si elle l'entendait ronfler, elle souriait ; si elle ne percevait pas le moindre bruit, elle appelait, apeurée :

— Mario?... Mario?...

— Hein? Quoi?

— Ah! bon... Tu faisais pas de bruit. Je craignais que tu sois mort...

— Si j'étais mort, je te l'aurais dit!

Et la mama continuait : la pizza, la fenêtre, la pizza, la porte de la chambre, la pizza, la fenêtre, etc... Vers quinze heures, elle préparait ses anchois lorsqu'on frappa à la porte du palier.

— Par exemple!... Rigo!

L'inspecteur de police, Rigo de Santis, s'inclina :

— Je ne te dérange pas, Fina?

Le cœur de la mama se mit à battre plus vite. Si longtemps qu'on ne l'appelait plus Fina... Depuis l'époque lointaine où elle jouait à des jeux de gosses avec son cousin Rigo.

— Je peux m'asseoir?

La mama s'ébroua afin de se débarrasser de ses

souvenirs, comme un chien sortant de l'eau pour se sécher.

— Tu viens me voir pourquoi, Rigo?

— Pour l'amitié d'abord... Tu sais bien que je t'aime toujours, Fina?

Elle rougit comme une jeune fille entendant une première déclaration d'amour.

— Allons, allons, dis pas de bêtises, Rigo... La Fina dont tu parles est morte.

— Pour les autres peut-être, pas pour moi. C'est bête la vie. On se croit délivrée de toutes ces histoires, on est devenue énorme, on ne ressemble plus à grand-chose et il suffit qu'un grand imbécile se ramène et vous regarde ainsi qu'il le faisait jadis, pour qu'aussitôt on retrouve les vieilles émotions oubliées. Sans même en prendre conscience, la mama se redressa, cambra la taille, essayant de ressembler un peu à la Fina pour laquelle les garçons en venaient aux mains. Pourquoi avait-elle préféré le paresseux et gai Mario au tranquille et travailleur Rigo? Ça, il faudrait le demander à la Fina disparue. Elle se força à rire.

— Tu devrais pas me raconter, Rigo, ça sert plus à rien, sauf à faire mal...

— Et moi, tu crois que je n'ai pas mal?

— Pourquoi tu te maries pas?

— Trop tard... la seule que je voulais, un autre me l'a prise...

On a beau dire, c'est flatteur de savoir qu'un homme tient à vous au point de vous rester fidèle toute sa vie, même si on ne lui a rien donné.

Bouleversée, Serafina sentait une tendre émotion la gagner. Une larme tomba sur la pizza qu'elle préparait. Doucement, Rigo demanda :

— Tu pleures, Fina?

— C'est toi qui me fais pleurer, monstre! T'avais bien besoin de parler de tout ça... A présent, je me sens vieille alors que j'y pensais même pas!

— Pour moi, tu auras toujours vingt ans...

Si contente la mama que, sans plus réfléchir, elle alla l'embrasser. Bien que ce baiser fût des plus fraternels, le grand policier s'en montra bouleversé.

— Faut plus vous gêner...

Ils sursautèrent comme s'ils faisaient vraiment quelque chose de mal. L'œil flamboyant, Mario les contemplait.

— Alors, Rigo, espèce de malfaisant, il te suffit pas d'avoir déshonoré la famille en entrant dans la police, il faut encore que tu viennes chez moi pour assouvir tes instincts?

Le premier instant de surprise passé, Serafina réagit :

— Commence pas à déparler, Mario! Et dis pas des mots que tu regretterais!

Mais Garofani était trop plein de sa colère pour entendre raison.

— Toi, t'as pas la parole, Serafina! T'es une moins que rien!

Suffoquée, la mama ne répliqua pas tout de suite et son mari en profita :

— Parce que c'est une moins que rien celle qui

attend même pas que son mari soit tout à fait mort pour se chercher un autre homme!

— T'as pas honte?

— Honte? Elle est raide celle-là! C'est toi, malheureuse qui devrais avoir honte! Il y a un moment que je vous écoute tous les deux! Celui-là avec sa Fina et toi avec tes roucoulements... D'abord, Rigo, ce serait toi qui m'aurais écrasé hier soir que j'en serais pas autrement étonné, à présent que je sais que tu veux me prendre ma femme!

Le policier avança d'un pas.

— Continue comme ça, Mario, et je te casse la gueule!

Garofani recula légèrement; il n'avait jamais aimé les coups.

— Ça me surprendrait pas que tu veuilles m'assassiner avec ta complice?

De Santis se jeta sur lui en rugissant :

— Cette fois, tu y as droit, Mario!

La mama hurla :

— Arrête, Rigo!

Les deux hommes la regardèrent et la virent sortir une vieille valise, écorchée de partout, et dans laquelle elle commença à empiler du linge. Ahuri, Mario s'enquit :

— Qu'est-ce que tu fabriques?

— Je m'en vais.

— Tu t'en vas? Où ça?

— Je sais pas... mais je sais bien que je peux pas rester avec un homme qui me respecte plus!

— Et... et les enfants?

— Tu t'en occuperas!

— Et... la pizza?

— Une autre te la fera!

Une telle perspective plongea Mario dans un désarroi si total qu'il ne put que murmurer :

— J'aurais jamais pensé ça de toi...

— Et moi? J'aurais pu m'attendre à ce qu'un homme à qui j'ai sacrifié toute ma vie, qui m'a fait des enfants que c'en est pas Dieu croyable, pour qui je travaille comme une bête me récompenserait en me traitant de moins que rien?

Taraudé par le remords, Garofani chercha une retraite honorable.

— Mets-toi à ma place, Serafina! De mon lit j'entends celui-là qui te fait la cour...

— C'était pas à moi qu'il parlait...

— Et à qui donc alors?

— A une autre... une autre qui est partie il y a très longtemps... une autre que tu as connue, Mario, mais toi, tu t'en souviens plus!

Garofani ne comprenait pas, mais les inflexions inhabituelles de la voix de la mama le mettaient au bord des larmes.

— Je... je te demande pardon, Serafina.

Elle regarda sa bonne grosse figure de pas bien malin, eut un sourire triste, un soupir qui la détachait du passé.

— Imbécile! Tu t'es imaginé que j'allais abandonner les petits?

Rassuré, Mario oubliait d'un coup ses inquiétudes et sa colère. Il se tourna vers Rigo.

— Si t'es pas venu pour ma femme, pour qui t'es venu?

— Pour Rocco.

Instinctivement, la mama rejoignit son mari. Devant le danger, ils faisaient front ensemble, épaule contre épaule. Le policier continuait :

— Je la trouve bien curieuse, moi, cette mort de Rocco ?

— Comme tous les assassinats, ni plus, ni moins !

— Rocco... c'était un brave garçon... Il n'avait pas d'ennemis... Pour quelles raisons en aurait-il eu ?

— Je sais pas...

— Et, pourtant, on l'a tué... à Gênes... Qu'est-ce qu'il y foutait, à Gênes ?

— Il avait trouvé un emploi.

— Un emploi ? A Gênes ? Il ne s'entendait donc plus avec Gelsomina ?

— Si.

— Et il la laissait à Naples ?

— C'est-à-dire qu'elle l'aurait rejoint... plus tard.

— Et Aldo ? Lui aussi, il voulait quitter Naples ?

— Les enfants font à leur tête, Rigo. Aldo est un homme maintenant. Il nous demande plus notre avis.

Le policier, qui parlait les yeux au sol, releva brusquement la tête pour fixer Mario.

— Et si tu me disais la vérité ?

— La vérité, c'est qu'on a assassiné Rocco. Pourquoi ? J'en sais rien.

— Mais si, Mario, tu le sais.

— Non, je le sais pas ! N'est-ce pas, Serafina ?

— N'oblige donc pas ta femme à mentir!

— Tu m'embêtes, à la fin, Rigo!

— C'est mon métier d'embêter les gens qui n'ont pas la conscience tranquille.

— Il me dégoûte, ton métier! Toujours à fouiner, à chercher!

— Comme font tes gosses en ce moment dans la vieille ville!

— Qu'est-ce que tu racontes?

— Depuis ce matin, ils se glissent partout. Ils posent de curieuses questions. Qui c'est donc ce type que tu leur as dit de découvrir?

— Fais comme eux, cherche!

— Je vais m'y employer, Mario, et, moi, je trouverai!

Giovanni vendait la pizza aussi bien que son beau-père. Pourtant, il était loin d'avoir le coup de main de Mario (souvent, en voulant réchauffer sa marchandise, il lui faisait prendre un coup de feu qui, d'ordinaire, incitait les clientes à pousser de hauts cris), mais il était si plaisant à regarder... Sa gaieté, sa jolie figure, son rire éclatant, cette manière d'adresser aux femmes des compliments qui leur mettaient du chaud au cœur empêchaient de regretter le père Garofani. A midi, les gens rentrés chez eux, il déjeuna mélancoliquement d'un morceau de pizza et d'un verre de vin tiède. Pour tout dire, il s'ennuyait ferme, souhaitant que le beau-père fût au plus tôt en état de reprendre son commerce. Giovanni ne se sentait pas de dispositions particulières pour le métier de marchand de pizza, pas plus que pour un autre d'ailleurs. Ce qu'il aimait? L'aventure, l'imprévu et c'est pourquoi, l'esprit rempli de récits qui n'étaient le plus souvent que des fables, il se persuadait que l'Amérique, accueillante aux ambitieux, se révélait le seul endroit où il lui serait possible d'édifier sa fortune. Depuis des années, il vivait avec cette conviction. Son mariage lui parut, sur le moment, marquer la fin de ses espérances, mais il avait su persuader Lauretta et, la nuit, avant de s'endormir sur leur paillasse, tous deux bâtissaient un avenir doré qu'ils embellissaient chaque soir un peu plus au gré de leur humeur et de leur imagination. A quinze heures — ayant achevé sa sieste à l'angle ombreux d'une maison — le garçon retourna à sa pizza qu'il commençait à prendre en dégoût. Aussi fut-ce avec un véritable soulagement qu'il vit apparaître Aldo.

— C'est pas trop tôt!

— Ça marche, le commerce?

— Pas mal. Et toi, tu as promené ton Anglaise?

— Oui, je viens de la reconduire à son hôtel.

— C'est vrai que tu as failli te battre chez Luigi?

— Les nouvelles vont vite, hein? Un idiot qui disait des choses qu'il n'aurait pas dû...

— Sur l'Anglaise?

— Oui.

— Tu l'aimes beaucoup?

— Oui.

— Et elle?

— Oh! parlons plus de ça... On a des soucis

plus importants. Le temps que nous ont donné les Signori diminue.

Giovanni baissa la voix.

— Tu as peur des Signori, toi, Aldo ?

— Oui... pour la famille. Ils sont tellement forts ! Ah ! si seulement j'avais ma tête à moi. On peut pas compter sur Mario, et Dino veut se mêler de rien.

— Dino est amoureux de Gelsomina.

— Ah ? Tu l'as remarqué, toi aussi ?

— Ça crève les yeux !

— Et puis après ? C'est pas une raison pour nous laisser tomber ?

— Ça dépend...

— Qu'est-ce que tu racontes ?

Gêné, Giovanni hésita, puis se décidant :

— Écoute, Aldo, il m'est venu une drôle d'idée depuis que tu nous as dit que c'était des Napolitains qui vous avaient attaqués, une idée idiote peut-être, mais elle me trotte dans la tête.

— Vas-y !

— Les Signori emploient que des hommes sûrs et qui se permettraient pas de les trahir. D'accord ?

— Oui, continue.

— Si tu reconnais que la fuite vient pas des Signori, c'est obligé que ça soit de chez nous.

Contrairement à l'attente de Giovanni, Aldo ne s'indigna pas.

— Je suis content que tu te sois confié à moi, Giovanni, parce que je pense la même chose, mais je me cogne contre un mur. Aucun de nous n'est capable de tuer et, surtout, de tuer Rocco, pour se procurer des diamants!

— Je suis de ton avis, mais est-ce qu'on se trompe pas en pensant que c'est pour les diamants qu'on a tué Rocco?

— On les a pas volés, peut-être?

— Bien sûr, mais il est pas prouvé que celui qui a monté l'affaire souhaitait qu'on vole les diamants?

— Alors, pourquoi on nous aurait attaqués?

— Pour se débarrasser de Rocco!

— Et de moi?

— Toi, j'imagine qu'on n'avait pas l'intention de t'abattre, mais les assassins ayant volé les diamants ont voulu supprimer un témoin gênant. Du moins, c'est ce que je pense.

— Et pourquoi aurait-on voulu supprimer Rocco?

— Peut-être pour lui prendre sa femme...

Ils se turent, conscients de la gravité de ce qui venait d'être dit. Des clients se présentèrent et, tandis que Giovanni les servait, Aldo songeait que Dino, bien qu'il fût bel homme, ne s'était jamais marié, qu'il continuait à demeurer dans sa soupente de San Matteo, alors qu'il aurait eu tout intérêt à loger près du port. Pourquoi s'imposait-il ces fatigues inutiles, sinon parce qu'il entendait rester près de Gelsomina? Il avait dû beaucoup souffrir de voir celle qu'il aimait — et qui s'était mariée alors qu'il effectuait son service militaire — appartenir à un autre. Rocco jouissait d'une santé robuste et Dino ne pouvait espérer le remplacer normalement un jour, auprès de Gelsomina. L'affaire des diamants lui avait-elle fourni l'occasion à laquelle il ne pensait pas ? Déjà, Aldo qui aimait et admirait son oncle, à qui il eût voulu ressembler, lui cherchait des excuses. Seulement, on ne pouvait oublier la tentative d'assassinat sur la personne de Mario. Était-il possible que Dino s'en soit pris à son propre frère lancé sur la trace de ses complices ? Un homme qui a peur est capable de tout. Pourtant, quelles qu'aient pu être les raisons ayant fait agir Dino, s'il était coupable, il paierait le prix du sang, car les Garofani ne pourraient pardonner au meurtrier d'un des leurs.

Avec force détails, la mama racontait à Gelsomina la scène terrible que lui avait faite Mario en présence et au sujet de Rigo.

— A mon âge, je te demande un peu ? C'est à croire qu'il devient fou, Mario...

— Il est jaloux.

Serafina eut un geste désabusé.

— Jaloux ? Qu'est-ce que tu racontes, ma pauvre Gelsomina ? Comme si on pouvait être jaloux d'une femme qui ressemble à un ballon sur le point de s'envoler !

— T'as pas toujours été comme ça...

— C'est plus la peine de parler de moi, Gelsomina. Je suis finie, j'ai plus qu'à continuer jusqu'au bout, pour le reste... Mais toi, tu as encore toute la vie !

— J'ai trente-trois ans...

— Et alors ? T'es aussi belle qu'à vingt ! Je sais bien qu'il y a pas longtemps que le pauvre Rocco est mort, mais quoi ? On peut pas vivre avec son chagrin, pas vrai ? Et puis, Rocco, s'il nous voit, il sait qu'on l'a pleuré tant qu'on a pu... Alors, pourquoi il nous ferait des reproches de penser à ton avenir ?

— Je songe pas à me remarier, si c'est ce que tu veux dire, Serafina. Et puis, qui voudrait d'une veuve de trente-trois ans qu'a pas seulement trois mille lires d'économies ?

— Commence pas à débiter des idioties, Gelsomina ! Tu sais peut-être pas qu'il y en a un, ici, qui te couve des yeux comme si t'étais la Madone en visite sur la terre ? Allez, va, c'est pas la peine de rougir...

Sur ces entrefaites, Aldo entra. La mama ne pouvait pas voir son garçon sans s'émerveiller d'avoir mis au monde un si beau beau spécimen de la race napolitaine.

— C'est toi, mon Aldo ? A cette heure ?

— Je voudrais parler à Gelsomina.

La jeune veuve marqua une surprise.

— A moi ?

— Oui, à toi seule.

Elle le regarda sans comprendre et la mama s'emporta :

— Qu'est-ce que tu peux dire à ta tante que je doive pas entendre ? En voilà des façons ? Est-ce que je serais plus ta mère, des fois ?

— Bon, ce sera comme tu voudras. Écoute, Gelsomina : avec Giovanni, on a réfléchi à qui pouvait avoir intérêt à la mort de Rocco...

— Et alors ?

— Et alors, il n'y en a qu'un que la disparition de Rocco arrange bien.

Gelsomina pâlit, mais la mama ne réalisa pas tout de suite.

— Qu'est-ce que tu racontes? Tu es fou ou quoi, mon Aldo? Tout le monde l'aimait bien, Rocco...

— Tout le monde sauf un... et peut-être deux!

Serafina s'énerva :

— Enfin, t'as fini avec tes sous-entendus? Explique-toi clairement!

Gelsomina intervint :

— C'est pas la peine... Il pense à Dino et à moi. C'est bien ça, hein, Aldo?

Le garçon ne répondit pas, mais la mama répliqua pour lui :

— Ça vous fatiguerait de parler de manière à ce qu'on comprenne?

— Ton fils accuse tout simplement Dino d'avoir assassiné Rocco pour lui voler sa femme et peut-être bien que je serais sa complice... Hein, Aldo?

Affreusement embêté, Aldo réagit mollement :

— Je dis pas que c'est ça, mais que ça pourrait être ça...

— Et moi, je dis que si tu me dégoûtais pas tant, je te flanquerais une paire de gifles que tu t'en souviendrais toute ta vie. Je te remercie bien de l'estime que tu me portes et que tu portes à ton oncle, il aura sûrement beaucoup de plaisir à l'apprendre!

— Écoute, Gelsomina, je suis malheureux depuis que je pense à ces histoires. C'est pourquoi je t'en ai parlé. Rocco est mort, ça c'est une vérité et il faut savoir pourquoi on l'a tué. C'est forcément quelqu'un qui était au courant de notre voyage.

Très pâle, Gelsomina le fixa et Aldo ne put s'empêcher de trouver qu'elle était vraiment belle.

— Écoute-moi à mon tour, Aldo... Je crois, en effet, que Dino m'aime, mais, rassure-toi, je me marierai pas tant que Rocco aura pas été vengé. Tu m'as insultée, Aldo. Pourtant, je me considérais un peu comme ta seconde mère et je méritais pas ce que tu m'as fait. Non, je le méritais pas... Je pense pas que je pourrai jamais te le pardonner.

La mama voulut arranger les choses.

— Demande-lui pardon, Aldo. C'est pas possible que tu aies cru une horreur pareille ?

Mais Gelsomina s'y opposa :

— C'est pas la peine, parce que ça serait pas du fond du cœur. Il me demandera pardon le jour où il sera convaincu qu'il a été injuste. Pour le moment, vaut mieux le laisser tranquille.

Déjà, Aldo sentait le remords le travailler. Sa mère, qui souhaitait voir la scène se terminer bien, déclara :

— Au lieu de te mêler des amours des autres, mon garçon, tu ferais mieux de t'occuper des tiennes. Quand la maries-tu, ton Anglaise ?

— Jamais !

— Mais... mais je croyais que tu l'aimais ?

— C'est elle qui m'aime pas.

Et il sortit pour éviter une discussion inutile. La mama qui tenait son fils pour l'astre du jour ne pouvait pas admettre qu'il existât une fille pour demeurer insensible à sa séduction.

— T'as entendu, Gelsomina ?

— Oui, et si tu veux mon avis, Serafina, c'est parce qu'il est malheureux qu'il en veut aux autres...

— Mais enfin, c'est pas Dieu possible qu'il s'en trouve une assez dénaturée pour pas l'aimer, mon Aldo ?

— Faut croire que si.

Éperdue, placée devant une réalité la déconcertant parce que s'inscrivant en faux contre une foi nourrie depuis vingt-cinq ans sans le moindre doute — à savoir qu'Aldo n'avait pas son pareil au monde — la mama imagina une explication qui la rassurait :

— Il est vrai que c'est une Anglaise...

— Et alors ?

— Et alors, les Anglaises, elles ont pas les goûts de tout le monde. D'abord, elles boivent du thé...

Au moment où l'heure du repas venue, Aldo s'apprêtait à entrer dans la maison de San Matteo, une ombre se détacha du mur. C'était Dino. L'oncle prit le bras de son neveu.

— J'ai à te parler...

Ils s'éloignèrent de quelques pas. L'histoire avec sa tante lui pesait trop lourdement sur le cœur pour qu'Aldo jouât les fiers à bras et ce fut presque timidement qu'il demanda :

— Qu'est-ce qu'il y a Dino ?

— Gelsomina m'a mis au courant...

Il attendit un instant avant de continuer, comme s'il voulait laisser à Aldo le temps de se justifier.

— J'avais de l'amitié pour toi, petit... et aussi une grande confiance. Je reconnais que j'aime Gelsomina et ça remonte loin... J'espère qu'un jour elle sera ma femme et que nous nous en irons d'ici. Mais, après ce que tu as dit, c'est plus possible, du moins tant qu'on saura pas qui a tué Rocco. Je voulais pas m'en mêler, mais à présent, j'y suis obligé... Alors, je vais m'y mettre. Seulement, j'ai peur qu'entre toi et moi, Aldo, ça soit plus jamais pareil...

Aldo ne répondit pas. Qu'aurait-il pu répondre ? Partagé entre la honte, le chagrin et la colère, il ne savait plus si Dino était un brave type injustement soupçonné ou un comédien capable de duper tout le monde.

La mama s'en rappellerait de cette journée! Après la scène odieuse que Mario lui avait faite à propos de Rigo, après les choses abominables que son fils était venu dire à Gelsomina, voilà qu'en dépit de l'heure tardive, Alfredo et Tosca n'étaient pas rentrés. Serafina refusa d'avaler la moindre nourriture en dépit des encouragements de son mari qui tentait de masquer sa propre inquiétude sous un optimisme qui ne trompait personne. Seuls Lauretta et Giovanni lui donnaient la réplique, car ni Dino, ni Gelsomina, ni Aldo n'ouvraient la bouche, chacun ayant ses propres soucis. Alternativement, la mama énumérait les différents stades de la correction qu'elle se proposait d'infliger aux deux retardataires et les lamentations d'une mère dont on a tué les enfants. La fureur le cédait aux larmes que dissipait presque aussitôt la fureur, et tout ceci à une cadence qui empêchait Mario de répliquer juste quand il le fallait. Il consolait sa femme quand elle criait et approuvait sa colère lorsqu'elle pleurait, si bien qu'il s'entendit successivement traiter de père dénaturé et d'incapable. Vers dix heures, la nuit complètement venue, Serafina décida de se rendre au commissariat de police pour demander si ses deux chérubins ne gisaient pas sur un lit d'hôpital ou à la morgue. Un châle jeté sur ses épaules, elle s'apprêtait à sortir lorsqu'elle entendit une galopade dans l'escalier. La mama poussa un véritable hurlement.

— Misère de moi, on me ramène leurs cadavres!

Les cadavres se portaient bien si l'on en devait juger par l'air satisfait qu'arboraient Alfredo et Tosca en entrant. Serafina se jeta sur eux et ,les prenant ensemble dans ses bras, les serra à les étouffer sur sa généreuse poitrine tout en remerciant le ciel de lui avoir conservé ses petits.

— Mes agneaux! Mes anges du Bon Dieu! Merci, Seigneur, de me les rendre intacts! La Madone nous protège! J'irai lui porter un cierge! Que vous est-il arrivé, mes Jésus?

S'arrachant à l'étreinte maternelle qui lui coupait la respiration, Alfredo expliqua :

— On s'est promené...

— Vous vous êtes promenés...

Stupéfaite par tant de cynisme, la mama passant d'un élan de l'attendrissement à la colère, gifla à toute volée les deux gosses qui, aussitôt, se mirent à accompagner de plaintes aiguës les imprécations de leur mère qui ne reprenait haleine que pour les secouer.

— Ils se sont promenés, ces sans cœur! Et moi, pendant ce temps, je me ronge le sang! Je vis mon agonie! Allez vous coucher, monstres, que j'ai envie de vous tuer!

Alfredo protesta :

— On a faim!

— Vous mangerez pas! Ça vous donnera une leçon! Et réplique pas, assassin de ta mère, sans quoi je t'arrache les yeux!

Conscient d'être victime d'une injustice qui dépassait l'entendement, Alfredo se tourna vers la tremblante Tosca et d'une voix résolue :

— Amène-toi, Tosca, et puisqu'on nous traite comme ça, on leur dira rien du tout!

Et prenant sa sœur par la main, il l'entraîna vers la chambre. Mario les arrêta :

— Attendez... Mama, tu peux pas les envoyer au lit sans manger...

— Et pourquoi que je pourrais pas? Ce sont mes enfants, non?

Hypocritement, Garofani feignit de s'incliner :

— Bien sûr... si tu veux qu'ils tombent malades!

Srafina bondit :

— C'est ça! Prends leur parti! Dis-leur que je suis une mauvaise mère pendant que tu y es! Apprends-leur à me mépriser! A me haïr! Bientôt, ils me frapperont et tu les approuveras! Eh bien, puisque c'est comme ça, je m'en mêle plus! Je me désintéresse de mes enfants!

Alfredo et Tosca se précipitèrent à table où Lauretta remplit leur assiette. La gloutonnerie avec laquelle ils mangèrent indiquaient leur fatigue. Mario, souriant, les contemplait tandis que la mama boudait à l'extrémité de la cuisine. Lorsque les deux gosses furent rassasiés, le papa dit doucement :

— Vous avez fait une grosse peine à votre mama... Elle croyait que vous étiez morts.

Alfredo répliqua :

— On était pas mort, mais on a été plus loin que le bassin de carénage et on avait pas de sous pour prendre le tramway...

Serafina ser approcha de la table pour crier :

— Au bassin de carénage? Petits misérables! Je vous avais défendu de...

Levant le coude pour se protéger de la gifle qu'elle s'attendait à recevoir, Tosca balbutia :

— C'est... c'est... l'homme qui... qui nous a entraînés...

— L'homme? Quel homme?

— Celui qu'on suivait avec Alfredo.

On abandonna la fillette pour se tourner vers le garçon dont l'œil brillant disait assez qu'il tenait sa revanche. La mama gronda comme un volcan sur le point d'entrer en éruption :

— Qui c'était cet homme, Alfredo?

— Celui qu'Aldo nous a chargés de retrouver.

Un silence de plomb s'abattit sur la table. Le

visage de la mama vira au pourpre et dans un souffle, joignant les mains, elle chuchota :

— Sainte Mère de Dieu... ils se sont promenés avec un assassin!

Le gamin rectifia :

— On s'est pas promené avec lui, on l'a suivi jusqu'à sa maison sans qu'il nous voie.

Serafina se laissa tomber sur une chaise, incapable de réagir. Cette journée, trop fertile en événements de toutes sortes, l'avait épuisée. Mario redressa le buste : ses enfants s'affirmaient des êtres exceptionnels et il promena sur l'assistance le regard orgueilleux de l'éleveur dont les produits viennent de remporter un prix d'honneur au concours agricole. Mais Aldo, enfin sorti de son mutisme, s'adressa à son jeune frère :

— Raconte-nous, Alfredo.

Le gosse, fier de l'attention que tous lui portaient, se lança dans le récit de l'aventure vécue avec Tosca.

— C'est vers six heures qu'on a repéré le type... Il buvait chez Pitogni, dans la via Cappoci. Je l'ai reconnu à sa cicatrice. On a attendu qu'il sorte pendant plus d'une heure. Quand il a filé, on a eu peur qu'il monte dans un tramway parce qu'on aurait pas pu grimper avec lui, vu qu'on avait pas un sou... Heureusement, il est parti à pied. On l'a suivi par la strada Nuova della Marina et la via Marinella. On en pouvait plus, hein, Tosca?

La fillette approuva d'un hochement de tête. Alfredo reprit :

— A huit heures, on passait devant l'hôpital

de Santa Maria di Loreto. On se demandait bien jusqu'où il allait nous emmener quand, tout d'un coup, il est entré dans une maison de la via Andrea Toscana. C'est là qu'il habite.

Giovanni demanda :

— Comment le sais-tu ?

Alfredo eut un sourire de commisération à l'égard de son beau-frère.

— Je connais même son nom.

Aldo empoigna le petit :

— Son nom ?

Mais le gamin n'entendait pas se priver tout de suite de l'admiration à laquelle il estimait avoir droit.

— J'ai pris le chapelet de Tosca et je suis entré chez la bonne femme qui loge au rez-de-chaussée et j'ai dit : « Je crois que le signor qui vient d'entrer, il a laissé tomber ce chapelet. » La dame, elle a éclaté de rire et m'a répondu : « Ça m'étonnerait que ce voyou de Tino de Donatis porte un chapelet sur lui. Il en aurait pourtant bien besoin, ce malfaisant ! Garde-le, petit, et tâche de t'en servir pour prier la Madone de jamais ressembler à Tino... »

On félicita Alfredo, on embrassa Tosca et on les envoya se coucher avec les autres enfants, y compris Giuseppe et Pamela qui, renâclant, s'entendirent menacer des pires châtiments s'ils n'obéissaient pas sur-le-champ. Quand on ne fut qu'entre grandes personnes, Mario déclara :

— Je crois que nos affaires vont s'arranger...

Rageur, Aldo décida :

— Je vais aller trouver ce Tino et si c'est lui qui a assassiné Rocco...

Giovanni observa :

— Faudrait pas le tuer avant qu'il ait dit où sont les diamants. Les Signori se fichent de Rocco et ils nous laisseront pas tranquilles tant qu'on leur aura pas rendu leurs diamants.

— T'en fais pas, Giovanni, je me charge de le faire parler!

A son tour, Dino intervint :

— Je pense pas que ce soit la bonne méthode...

Déjà braqués, ils lle regardèrent avec hargne. Giovanni nota :

— Ça aurait été étonnant que tu nous approuves

— Je suis plus vieux que vous et c'est mon devoir de vous mettre en garde. Si l'un de vous se rend chez ce Donatis, on le saura et la police n'aura aucune peine à lui mettre la main dessus. Vous tenez à finir votre vie en prison ?

Mario essaya de rassurer les jeunes gens :

— Les Signori ont dit qu'ils nous protégeraient.

Dino haussa les épaules.

— Vaut mieux pas avoir besoin de leur protection. On la paierait sûrement trop cher...

Nerveux, Aldo l'interrompit :

— Alors, qu'est-ce que tu proposes ?

— D'abord se renseigner sur les habitudes de notre homme et quand on saura ce qu'il fabrique, l'attendre, le surprendre et l'emmener dans quelque coin du port où on pourra l'interroger. S'il doit mourir, il est préférable qu'on nous ait pas vu rôder autour de chez lui. Les policiers sont pas des imbéciles.

Mario et Serafina échangèrent un bref coup d'œil. Tous deux pensaient à Rigo. Aldo protesta :

— Nous ne pouvons pas perdre de temps, tu le sais bien, Dino. Tu connais les menaces des Signori. Moi, je suis d'avis d'aller tout de suite voir ce Tino... et toi, papa ?

Mario hésita un peu et répondit sans regarder son frère :

— Moi aussi.

Giovanni s'étant également déclaré d'accord, Dino s'inclina :

— Bon, agissez comme vous l'entendrez.

— Ça veut-il dire que tu viens pas avec nous ? demanda Aldo.

— J'irai avec vous, Aldo, et tu sais pourquoi.

Dans le tramway qui les emmenait vers la via Marinella, les quatre hommes n'échangèrent pas un mot. Aldo ne pensait qu'à Rocco tué sous ses yeux et qu'il n'avait pas osé défendre. Il songeait aussi à l'attitude de son oncle Dino dont il ne parvenait pas à deviner la signification. Giovanni rêvait à son départ pour l'Amérique et, les yeux clos, il souriait à un avenir doré. Mario gardait encore dans l'oreille le son tragique de la voix de la mama le suppliant de ne pas risquer un mauvais coup et de protéger, le cas échéant, son Aldo. Quant à Dino, conscient de la froideur des autres envers lui, il se rappelait la manière dont Gelsomina l'avait regardé au moment de quitter l'appartement de San Matteo. Pourraient-ils bientôt s'en aller tous les deux, recommencer une existence qu'ils seraient seuls à partager ?

Ils descendirent à la place Duc des Abruzzes et gagnèrent la via Andrea Roscano. Ce fut Dino qui se proposa pour aller interroger la concierge. On n'osa pas refuser. Au cas où un policier eût passé, Giovanni, Mario et Aldo se lancèrent dans une discussion véhémente et donnèrent l'apparence de trois Napolitains trop excités pour éprouver le besoin de dormir. Dino revint et annonça qu'il avait été fort mal reçu. Tino de Donatis n'était pas chez lui, mais sans doute dans un des bistrots du port. Dino connaissait bien le coin et ce fut encore lui qui se chargea d'entrer dans tous les cafés à la recherche de Donatis. Le pêcheur ne fréquentait pas ce genre d'établissements, aussi les patrons ne feraient pas attention à lui. Par contre, ses collègues pouvaient se montrer surpris de son apparition. C'était un risque à courir, mais le moindre, car Tino de Donatis connaissait Aldo, sans doute Mario et peut-être Giovanni souvent avec Aldo.

Vers deux heures du matin, Dino sortit d'un petit bistrot crasseux — le quinzième qu'il visitait — en déclarant qu'il croyait avoir repéré leur homme. Il le décrivit à Aldo qui l'identifia. Ils décidèrent d'attendre sa sortie. Ils n'eurent à patienter que quelques minutes, dissimulés dans l'ombre, car l'homme qui apparut sur le seuil était bien celui de Gênes. Aldo en trembla de fureur. Dino dut le calmer pour l'empêcher de se jeter tout de suite, le couteau à la main, sur l'assassin de Rocco. Ce dernier, comme s'il avait flairé le danger, ne se décidait pas à s'éloigner. Il regardait autour de lui, scrutant la nuit. Enfin, il se mit en marche et les autres le laissèrent prendre une légère avance pour se lancer sur ses traces. Très vite, ils comprirent que leur gibier rentrait chez lui. Il fallait donc l'empoigner avant qu'il n'arrivât à sa porte et lui fermer toute retraite. Aldo, le plus agile, partit en courant pour entrer dans la rue Andrea Toscano par le nord, là où elle débouche dans la rue Celano. Giovanni devait arriver sur l'ouest par la rue Capasso, Dino emprunterait la rue Sebeto à l'est, tandis que Mario resterait derrière celui qu'on suivait. De cette façon, si l'homme réalisait qu'un piège lui était tendu, il n'aurait aucun moyen de s'en échapper.

Lorsque Tino de Donatis entra dans sa rue, Mario lui laissa prendre toute l'avance qu'il voudrait, sachant que les autres le coinceraient, mais, à sa grande surprise, il se heurta au bout de quelques instants à Aldo qui accourait sans avoir rencontré Donatis. Bientôt Giovanni les rejoignit, puis Dino. Nul n'avait aperçu l'assassin. S'était-il rendu compte de la filature dont il était l'objet et, dissimulé dans quelque encoignure, les surveillait-il à son tour ? Se partageant la rue, Aldo et Dino remontèrent vers le nord, l'un à droite, l'autre à gauche. Mario et Giovanni firent de même, mais en descendant dans la direction du port. Ce fut le mari de Lauretta qui trouva Tino, replié sur lui-même, presque à l'entrée de la rue Toscano, sous un petit porche. Mario était passé devant lui sans le voir. S'avançant au bord du trottoir, Giovanni siffla pour appeler ses compagnons, car de Donatis ne risquait pas de se sauver. On l'avait tué d'un coup de couteau en plein cœur. Rassemblés devant le cadavre, ils essayaient de comprendre. Tout pâle, Mario demanda d'une voix chevrotante :

— Qu'est-ce que ça veut dire?

Ils ne répondirent pas, déconcertés par l'inattendu de l'événement. Dino, le premier, secoua son apathie :

— Bon... Il est mort, on n'y peut plus rien. Il est préférable de filer avant que quelqu'un le découvre et avertisse la police. En tout cas, Rocco est déjà à moitié vengé!

— Un moment, Dino! protesta Aldo. Cette mort est curieuse, pas vrai? On n'a croisé personne. Alors, où il est celui qui a tué Donatis?

— J'en sais rien.

— J'aime pas ce que je comprends pas.

— Moi non plus, mais on aura tout le temps d'y réfléchir à la maison.

— Montrons nos couteaux!

— Quoi?

— Que chacun de nous montre son couteau!

— Pourquoi? Tu t'imagines que c'est l'un d'entre nous qui a poignardé ce type?

— Je veux surtout être certain que c'est pas l'un de nous! Voilà le mien...

Aldo exhiba son arme et fit constater que la lame était d'une propreté impeccable. Giovanni et Mario agirent de même.

— Ton couteau, Dino ?

— Je l'ai pas.

— Tu l'as pas ?

— Ça fait quelque temps déjà que je l'ai perdu.

— Avant la mort de Rocco ?

— Je crois, oui.

Il y eut un moment de gêne, difficile pour tous. Aldo, certain d'interpréter les sentiments des autres, déclara :

— C'est bizarre, tu trouves pas, Dino, que tu sois venu sans ton couteau ?

— Pourquoi ? Je suis pas un tueur et il a jamais été question qu'on devait abattre Tino ?

Aldo ne sut pas quoi répondre, mais il sentit que Giovanni et Mario, comme lui, soupçonnaient fortement Dino d'avoir tué de Donatis pour l'empêcher peut-être de parler et de dire qui lui avait confié la mission d'assassiner Rocco Esposito.

CHAPITRE VI

Audrey était à mille lieues de soupçonner le drame dont Aldo avait été le témoin et l'acteur dans la nuit, lorsque ce dernier vint la chercher dans les premières heures de la matinée. Tout au plus remarqua-t-elle que son compagnon semblait préoccupé, mais elle mit son manque d'empressement sur le compte de sa désillusion amoureuse et, loin de vouloir l'interroger, elle s'efforça, tout au long de la journée, de lui parler de tout sauf de sa famille et de lui-même. Côte à côte, ils visitèrent le centre de la ville et la Riviera di Chiaia, flânèrent longuement dans la Galerie Umberto Ier où ils déjeunèrent. Fatigués, ils entrèrent dans un cinéma où ils assistèrent à la présentation d'un film italien plein de gaieté et qui les fit rire. Quand ils en ressortirent, le soir descendait doucement sur Naples, adoucissant les couleurs trop vives du jour. Heureuse de marcher à côté de ce beau garçon, Audrey se sentait pénétrée d'une tendre chaleur. Elle estimait la vie merveilleuse, mais au fond de sa joie tremblait le petit regret qu'Aldo ne fût pas de son monde et que l'existence ne lui permît pas d'oublier d'un coup ce qu'elle était, d'où elle venait pour s'assimiler à ces belles filles qu'elle croisait, accrochées au bras d'amoureux au sourire éclatant. Miss Farrington n'avait pas du tout envie de regagner son hôtel et elle proposa à Aldo d'aller manger une « soupe aux moules » arrosée d'une bouteille de Palermo. Il accepta parce qu'il redoutait de dîner chez lui, en face de Dino.

Lorsqu'il eut accompagné Audrey au Macpherson's, il était plus de minuit. La jeune fille, un peu enivrée par le Palermo et la douceur de la nuit napolitaine, se montra un peu plus tendre qu'elle ne l'aurait dû. Elle demanda à Aldo de la conduire le lendemain à Capri et lui permit de lui embrasser la main avant de la quitter. Une très mauvaise méthode, assurément. Miss Farrington s'en rendait compte sans avoir le courage d'y renoncer.

Aldo était encore assez jeune pour mépriser la logique et céder à ses illusions. Il avait senti, tout au long de la soirée, que la jeune Anglaise l'aimait et, oubliant tout ce qu'il savait de leur situation sociale réciproque, il s'imaginait qu'Audrey, frappée d'on ne sait quelle grâce, ne le quitterait plus. A Naples, l'amour transfigure tout et possède le pouvoir de faire vivre dans un monde qui n'a de celui où nous sommes que les apparences. Parce qu'il aimait, parce qu'il se figurait être payé de retour, il ne pensait plus à ce qui lui taraudait l'esprit depuis la veille : la mort incompréhensible de Tino de Donatis et l'attitude bizarre de son oncle Dino. Même le souvenir du pauvre Rocco ne pouvait rien contre cette vague d'optimisme qui, dans son cœur, balayait tout ce qui ne se rapportait pas à Audrey et à lui. Respirant à pleins poumons les odeurs de la nuit, il descendait en chantonnant vers la vieille ville. Perdu dans ses songes aimables, les yeux remplis de l'image d'Audrey, il ne prit point garde qu'après son passage, des ombres se détachaient des murs où elles se confondaient. Au moment où il allait tourner dans le vicolo San Matteo, on l'appela :

— Garofani ?

Il sursauta, pareil au dormeur qu'on éveille, et se retourna. Un homme, dont il ne pouvait voir le visage, s'approchait doucement de lui. Sans en deviner la raison, il eut tout de suite peur. Il voulut reprendre son chemin, mais il aperçut un autre individu qui lui barrait l'entrée du vicolo San Matteo tandis qu'un autre encore, venant du vicolo Tre Re, lui fermait toute voie de repli. Aldo revécut la scène où, sans le savoir, Tino de Donatis jouait le rôle du gibier que lui-même chassait. Il s'appuya au mur de la maison derrière lui et sortit son couteau. Les autres se rapprochaient doucement, formant un demi-cercle. Aldo revit le jardin de la Villetta di Negro où il avait miraculeusement échappé aux assassins. La Madone n'était-elle venue à son secours que pour l'abandonner dans des circonstances identiques ? De toute sa ferveur qu'exaltait l'angoisse d'une mort proche, il la supplia de l'aider une fois encore. Il aperçut les poignards aux mains des tueurs qui avançaient prudemment, attentifs à ses gestes. Ils s'arrêtèrent à moins de trois mètres et celui qui l'avait appelé lui dit :

— Tu es trop curieux, Garofani... J'ai eu tort de te laisser échapper à Gênes. Ta vie pour celle de Tino...

Maintenant qu'il comprenait, qu'il admettait sa mort, Aldo retrouva son énergie. Il se rendait compte qu'il s'avérait inutile de crier. Avant que les voisins ne se soient réveillés, qu'ils aient ouvert leurs fenêtres, c'en serait fini de lui. Il s'arc-bouta sur ses jambes pour subir le choc, espérant seulement avoir le temps de frapper le complice de Tino avant de tomber lui-même. Il eut une pensée rapide pour Audrey, une pour la mama et, les mâchoires crispées, attendit. Comme s'il devinait qu'Aldo chercherait à l'atteindre, celui qui menait ce jeu mortel ralentit, laissant ses compagnons le dépasser. Au moment précis où ces derniers se jetaient sur Garofani, une voix forte intima :

— Police! Arrêtez ou je tire!

Surpris, les trois hommes se retournèrent et Aldo en profita pour se ruer sur le meurtrier de Rocco. Cependant, par un réflexe qui le prit au dépourvu, celui-ci pivota sur lui-même et Aldo ne put enfoncer sa lame que dans le bras du tueur qui poussa un juron étouffé ; déjà ses amis détalaient et il dut se résigner à les suivre. Aldo voulut s'élancer à sa poursuite, mais Rigo de Santis qui l'avait rejoint l'empoigna par l'épaule et ordonna sèchement :

— Ça suffit, Aldo! Tu tiens donc à mourir?

Ou te crois-tu assez fort pour tenir tête à ces trois voyous jouant du couteau ?

— Comment avez-vous pu ?

Le policier remit son revolver dans sa poche.

— Je t'ai fait suivre depuis ce matin, Aldo. A propos, elle est vraiment très jolie, ton Anglaise...

— Me suivre ? Pourquoi ?

— Parce que je suis curieux et que j'aimerais bien savoir ce que vous cherchez, toi et les tiens ? J'aimerais comprendre aussi les raisons de la mort de Rocco et ce qui poussait ces trois canailles à t'envoyer rejoindre ton oncle ? Tu n'aurais pas une petite idée là-dessus, par hasard ?

— Non.

— C'est dommage... bien dommage. Je ne serai pas toujours derrière toi pour te sauver.

— Je vous remercie.

— Tu me remercies, mais tu me mens, hein ? Non, ne proteste pas, c'est inutile... Allez, viens, allons chez toi.

— Chez moi ? Mais ils doivent tous dormir !

— Eh bien ! on les réveillera !

Ils ne dormaient pas, incapables de goûter le sommeil tant qu'Aldo ne rentrerait pas. Les hommes n'avaient pas mis les femmes au courant des événements sanglants de la via Andrea Toscano, mais, de même race, les connaissant bien, elles sentaient que quelque chose de grave les préoccupait et elles s'en inquiétaient. Leur silence même redoublait leur angoisse. Elles savaient qu'ils leur avaient menti en leur affirmant qu'il ne s'était rien passé la nuit précédente, sans pouvoir, toutefois, réaliser en quoi consistait leur mensonge. L'air soucieux de Mario, de Giovanni, au fur et à mesure que l'heure avançait et qu'Aldo ne se montrait pas, les affolait. Fait plus étonnant encore, Dino, contrairement à ses habitudes, n'était pas monté se coucher. Vers une heure du matin, il se leva de sa chaise :

— Ça sert à rien d'attendre là. Aldo a dû se rendre au spectacle avec son Anglaise. Il sera furieux de voir qu'on semble le surveiller comme un gosse.

Tous comprirent son manque de conviction. Lauretta murmura une rapide prière à l'intention de sainte Reparate qu'elle aimait particulièrement et Serafina était assez bouleversée pour pleurer sans bruit. Dino se dirigeait vers la porte lorsque des bruits de pas dans l'escalier le figèrent sur place et crispèrent les autres sur leurs sièges. Presque immédiatement la porte s'ouvrit devant Aldo que suivait Rigo. Ils ne pensèrent pas tout de suite à s'étonner de la présence du policier, tant ils étaient heureux de revoir le garçon sain et sauf. Ils se précipitèrent sur lui et selon la manière de témoigner leur joie, ils l'embrassèrent, y compris Gelsomina à qui l'inquiétude avait fait oublier ses ressentiments. Même Dino l'impassible mit sa main sur l'épaule du garçon et la serra affectueusement sans prendre garde à l'instinctif mouvement de recul d'Aldo. Ce ne fut que lorsque la longue série des embrassades s'arrêta qu'ils prirent conscience de ce qu'avait d'insolite la venue de Rigo à une heure pareille. Mario, qui n'avait point perdu la mémoire de la scène l'ayant opposé au policier, demanda :

— Tu viens bien souvent ces temps-ci, Rigo ?

La mama rougit jusqu'aux oreilles comme si tout le monde était au courant et elle jeta un regard gêné à sa sœur qui lui sourit. Sans attendre qu'on l'y invite, Rigo s'assit :

— Ça te déplaît, Mario ?

— C'est-à-dire que je voudrais être sûr que tu t'amènes chez moi dans des intentions honnêtes.

Le policier rit doucement.

— Tu penses pas qu'elle est ridicule ta question, Mario, quand tu t'adresses à un policier ?

Garofani s'énerva :

— Les policiers sont des hommes comme les autres ! J'en ai eu la preuve il y a pas tellement longtemps. Tu l'as oublié ?

— J'oublie jamais rien, Mario.

Et ce disant, il se tourna légèrement vers la mama qui baissa la tête. Garofani saisit le manège et s'emporta :

— Je vais te foutre à la porte, Rigo, t'entends ? Tout flic que tu es !

Aldo intervint :

— Attention, papa... le cousin Rigo vient de me sauver la vie !

Le jeune homme profita du moment de stupeur succédant à sa déclaration pour raconter brièvement ce qui s'était passé à quelques pas de chez eux et comment, sans le policier, il serait mort à l'heure actuelle. Lorsqu'il eut achevé son récit, ce fut une véritable tempête de cris, d'exclamations, d'imprécations, d'actions de grâce et tout aussitôt recommença l'embrassade générale. Brave homme, Mario ne songeait plus au ressentiment nourri contre Rigo et lui tendant la main :

— Cousin, je te remercie... Tu peux tout me demander à présent...

Mais, au même instant, il repensa à la dispute de la veille et crut bon de rectifier :

— ... Enfin, presque tout!

Et, pour atténuer cette restriction, magnanime, il s'adressa à sa femme :

— Embrasse-le, mama...

Serafina, plus confuse qu'une rosière recevant l'accolade du maire devant le village tout entier, tendit ses grosses joues au baiser discret de son vieil amoureux. Gelsomina en avait les larmes aux yeux. Mis au courant, Dino souriait, ému, car il reconnaissait sa propre tendresse dans la tendresse fidèle de Rigo de Santis. Ni Giovanni, ni Lauretta, ni Aldo, par contre, ne comprenaient ce que signifiait cette subite tension d'une qualité spéciale régnant dans la pièce. Pour couper court à une situation embarrassante, Mario, se forçant un peu, déclara :

— Et maintenant qu'on a eu assez d'émotions, on va se coucher. Allez, à te revoir Rigo... et sois sûr que t'as pas obligé des ingrats.

Mais au lieu de prendre la main qu'il lui offrait, Rigo dit tranquillement :

— Non, on ne va pas se coucher tout de suite, Mario.

Ils le contemplèrent avec des yeux ronds.

— Vous semblez ne plus vous rappeler que si je suis votre cousin, je suis aussi policier.

Nerveux, Giovanni lança :

— Et alors?

— Et alors, les tentatives d'assassinat, j'aime bien en comprendre les raisons.

Les hommes sentirent un grand froid qui leur mordait le ventre et la mama ne put que gémir :

— Rigo...

Le cousin s'adressa à elle gentiment :

— Je sais, Fina, je sais et tu te doutes bien que je serais le dernier à vouloir te faire des ennuis...

Mario, exaspéré par le ton trop tendre du policier,cria :

— Qu'est-ce que ça signifie? Quels ennuis, tu pourrais lui faire? Qu'est-ce qu'elle a à se reprocher?

— Elle? Rien, la pauvre...

— Ça veut dire que nous...?

— Fais pas l'imbécile, Mario, tu ne me convaincras pas. Asseyez-vous tous.

Il n'avait pas parlé d'un ton péremptoire, mais ils obéirent quand même sans la moindre protestation. Rigo les contempla calmement :

— Je vous l'ai dit, mon métier consiste à me mêler de ce qui ne me regarde pas... Je veux savoir pourquoi Aldo et Rocco sont allés à Gênes. Pourquoi Rocco y a été tué et pourquoi on a tenté d'assassiner Aldo ce soir...

Mario voulut jouer les innocents :

— Aldo et Rocco voulaient trouver du travail.

— Ne mens pas, Mario, c'est inutile. Aldo et Rocco sont de ceux qui fuiraient le travail plutôt que de le rechercher. Tu crois que je ne vous connais pas tous ? De Dino, j'aurais peut-être cru à cette volonté de travailler, mais les autres... Et dites-moi donc aussi pour quelles raisons vos gosses tournaient dans la vieille ville en cherchant des renseignements sur un garçon qui porte une grosse cicatrice à la joue droite ?

— Première nouvelle !

— Vraiment ?

— Vraiment ! Ce doit être une idée des gamins, une sorte d'ennemi imaginaire, quoi... et ce type n'existe sûrement pas...

— Justement, si, il existe, Mario... ou, du moins, il existait puisqu'on l'a retrouvé cette nuit, tué d'un coup de couteau en plein cœur, dans la via Andrea Toscano. Il s'appelait Tino de Donatis. Tu n'en avais pas entendu parler ?

— Non.

— Tu mens mal, Mario. Regarde ta femme et ta belle-sœur... et Lauretta. Tu tiens à ce que je les interroge ?

— Elles savent rien !

— Mais toi, tu sais, Mario...

— Je te dis que je comprends rien à tout ce que tu racontes !

— Bon. J'aurai fait tout ce que je pouvais... Vous tenez à me considérer comme un ennemi et vous avez tort.

Garofani ricana :

— Que tu dis...

— Que je dis?... Si je n'étais pas votre cousin, ça me serait facile de savoir la vérité. Tu t'imagines que les gosses mentiraient longtemps? Et quand ils m'auraient avoué que vous les aviez chargés de trouver Tino de Donatis, qui me reprocherait de vous embarquer tous les quatre sous l'accusation de meurtre?

Épouvanté, Mario balbutia, la gorge serrée :

— On l'a pas tué, Rigo, je te le jure!

— Je suis Napolitain comme toi, Mario, alors les serments, je sais ce qu'ils nous coûtent. Note que je pourrais quand même m'adresser aux femmes et leur faire jurer sur l'Évangile que vous n'avez pas quitté la maison hier soir... A mon idée, elles seraient bien embêtées.

Giovanni voulut crâner :

— Alors, pourquoi vous le faites pas?

Rigo tourna vers le jeune homme son regard lourd :

— Toi, tu n'as pas la parole, petit...

Il revint aux autres :

— Pourquoi je ne le fais pas? Je n'en sais rien...

Du menton, il désigna la mama :

— ... Peut-être parce que je crains de lui causer de la peine à celle-là... Peut-être aussi parce que je suis de la famille et que je ne peux pas croire que vous avez fait quelque chose de malhonnête... Peut-être, enfin, parce que je suis Napolitain et que, même quand il est policier, un Napolitain n'aime guère la police... Ah! pendant que j'y suis... Ce Tino de Donatis avait un ami qui ne le quittait guère, Andrea Montani. C'est un méchant. J'ai cru reconnaître sa silhouette parmi ceux qui t'attaquèrent tout à l'heure, Aldo... Méfie-toi! A tort ou à raison, Montani doit être convaincu que tu es pour quelque chose dans la mort de son copain. Tiens-toi sur tes gardes et arrange-toi pour qu'on ne le trouve pas à l'état de cadavre, parce qu'alors je ne pourrais plus rien... Sur ce, je vous souhaite une bonne nuit en espérant que je n'aurai pas à venir vous présenter bientôt mes condoléances.

Ils ne trouvèrent rien à lui répondre. Au moment de partir, le policier ajouta :

— On a retrouvé le couteau avec lequel Tino de Donatis a été tué... il porte des initiales sur le manche. Un D et un G.

En dépit de sa volonté tendue à l'extrême, Gelsomina ne put retenir le sanglot qui lui nouait la gorge. Giovanni tenta une diversion :

— Et, d'après vous, ça veut dire quoi ces deux lettres?

Rigo haussa les épaules :

— Comment le savoir? Donato Gabrielli... Dante Gismondi... Danièle Guglielmi... Domènico Gastani...

Il ouvrit la porte, passa sur le palier et se retournant :

— Et pourquoi pas Dino Garofani?

Il referma derrière lui sans ajouter un mot. Lorsque l'écho de son pas dans l'escalier se fut éteint, ils fixèrent Dino. Ce dernier ne s'adressa qu'à Gelsomina :

— C'est pas moi qui ai frappé Tino de Donatis.
Elle fut la seule à le croire.

Avant d'aller chercher Audrey pour l'emmener à Capri, Aldo eut une longue conversation avec Giovanni. La visite de Rigo leur avait ouvert les yeux. Pour eux, il ne faisait plus de doute que Dino était le meurtrier de Rocco à cause de Gelsomina et qu'il avait également assassiné Donatis pour l'empêcher de parler. Les deux jeunes gens ne savaient quelle attitude adopter. D'abord parce qu'ils ne voulaient pas rendre public le déshonneur d'un criminel dans leur famille, ensuite parce qu'ils redoutaient le chagrin de Gelsomina et de la mama, enfin parce que, sans se l'avouer, ils craignaient Dino. Ils tombèrent d'accord pour admettre que Dino n'avait pas voulu prendre les diamants dont ses complices s'étaient emparés et qu'il devait, tout autant qu'eux, souhaiter les retrouver pour éviter d'autres graves ennuis à la famille de la part des Signori. Ils décidèrent que le mieux serait encore d'avoir un entretien secret avec l'oncle et de l'obliger à quitter le vicolo San Metteo et à renoncer à Gelsomina s'il ne voulait pas se voir dénoncer. En échange de leur silence, peut-être aiderait-il Giovanni et Aldo à récupérer les diamants ? Pourtant, le mari de Lauretta ne paraissait pas autrement convaincu.

— Je peux pas croire que Dino ait tenté d'écraser ton père, et de te tuer, Aldo. C'est pas possible !

— Moi, je pense qu'il est pour rien dans ces histoires ! Ce sont les deux autres qui voulaient se débarrasser de nous et il est pas dit que Montani élimine pas Dino à son tour pour garder les diamants maintenant que Donatis est mort!

— On le laissera pas faire!

— Bien sûr, et cependant tu penses pas que c'est ce qui serait le mieux pour l'oncle?

Ces deux garçons insouciants qui, jusqu'à ce jour, considéraient l'existence comme une belle aventure où jamais rien de bien grave ne pouvait arriver, à part la mort naturelle de ceux qu'on aime, se trouvaient brusquement placés devant une situation qui les dépassait. Ils n'étaient pas armés pour l'affronter. Réaliser qu'un des leurs les avait trahis, les plongeait dans un désespoir qui dépassait de loin leur colère. Si l'oncle Dino avait tué Rocco, tout devenait possible. Ils sentaient qu'en dépit de leurs efforts, la famille allait éclater et l'idée de perdre leur univers habituel où ils se sentaient bien, les frappait d'une sorte de vertige. Giovanni résuma leur commune opinion :

— De toute façon, c'est moche!

— Oui, faudra qu'on réfléchisse pour éviter le plus possible les dégâts... Moi, je vais à Capri avec Audrey. Toi, pendant ce temps, essaie de repérer cet Andrea Montani... Il vaudrait mieux qu'on le cueille avant qu'il nous tombe dessus. Mais, ce coup-ci, on s'en occupera toi et moi et quand on le tiendra, il parlera! On verra ce que dira Dino alors et on les laissera se débrouiller tous les deux avec les Signori.

— Tu livrerais Dino aux Signori?

— Comment faire autrement?

— Ils le tueront!

— Je préfère que ce soit eux qui s'en chargent... J'oublie pas Rocco...

Si Aldo, tout entier à la joie de cette merveilleuse journée, avait eu quelque peine à se débarrasser de ses soucis, Miss Farrington ne pensait plus ni à Londres, ni à ses parents, ni à Alan et encore moins à ses sages résolutions d'éviter toute familiarité avec son guide. Ils embarquèrent au quai Beverello, admirèrent Sorrente et, délaissant la Grotte d'Azur où se rendaient trop de touristes, ils descendirent dans la baie de la Marina Grande en se tenant par la main comme deux amoureux. Montant à Capri à pied, ils y achetèrent de quoi déjeuner et repartirent sur la route d'Anacapri, insoucieux des autres et de leurs histoires. A tous deux, sans qu'ils s'en fissent confidence, il semblait que cette merveilleuse journée ne pouvait pas finir. Vers une heure de l'après-midi, ils s'assirent à l'ombre d'un rocher et, là, dominant le golfe de Naples, ils mangèrent en s'amusant de tout et de rien. Fatiguée, Audrey voulut s'allonger. Aldo l'aida à s'étendre et quand il se pencha sur elle pour lui demander si elle se sentait bien, elle lui prit la tête dans ses mains et la baisa longuement sur les lèvres. Le soleil napolitain est coutumier du fait et joue de bien vilains tours aux petites Anglaises imprudentes. Ce qui se passa ensuite, il n'y eut que la mer et le ciel pour le savoir mais, quoi qu'il en soit, une heure plus tard, Audrey Farrington devait s'avouer le rouge au front, qu'elle n'avait plus droit à l'appellation contrôlée de Miss. Elle savait que le remords la travaillerait dès qu'elle se retouverait en tête à tête avec elle-même dans sa chambre du Macpherson's. Pour l'instant, elle ne parvenait pas à avoir honte et n'aurait voulu pour rien au monde sentir s'effacer la douce chaleur qui régnait en elle tandis qu'Aldo la tenait serrée contre lui. Un bateau qui passa au loin les rappela à la réalité. Audrey se redressa :

— Il faut regagner la Marina Grande, Aldo.

Le garçon la contemplait avec adoration.

— Audrey, ma chérie, tu me quitteras plus maintenant ?

— Non.

Elle était sincère. Elle ne voyait pas du tout comment les choses s'arrangeraient, mais il lui apparaissait impossible qu'elle pût se séparer de ce garçon qu'elle aimait, qui l'aimait et sans lequel elle se sentait incapable désormais de vivre. Debout devant elle, Aldo ressemblait à un dieu marin se détachant sur le fond d'azur du golfe. Il s'inclina pour l'aider à se relever et ce geste lui sauva probablement la vie car la belle vit éclater la pierre à l'endroit précis où se trouvait sa tête une fraction de seconde auparavant. Instinctivement, ils se laissèrent tomber tous deux et, enlacés, roulèrent jusqu'à l'abri du rocher. Si la jeune fille ne comprenait rien et, l'esprit en déroute, se demandait si elle était ou non victime de quelque absurde aventure cinématographique, le Napolitain, lui comprenait parfaitement qu'Andrea Montani essayait une fois encore de se débarrasser de lui. Forçant sa compagne à rester accroupie, il se risqua à jeter un coup d'œil par-dessus son abri, mais une balle, merveilleusement ajustée, s'écrasa à quelques centimètres de son front qui fut entaillé par un éclat de roche. Il aurait du mal à s'en tirer. Ce qui l'affolait, c'est que si les autres parvenaient à l'abattre, ils tueraient sûrement Audrey pour ne pas laisser de témoin. En digne sujet de Sa Gracieuse Majesté, Miss Farrington exigea d'être mise au courant. Aldo le lui confia en peu de mots. Elle devina que les meurtriers de Gênes voulaient se débarrasser d'Aldo qu'ils avaient manqué à la Villetta di Negro.

— Il nous reste une chance, Aldo?

Il la regarda tendrement et n'osa pas lui mentir.

— Je pense pas, Audrey.

C'est évidemment stupide de mourir à Capri, mais la perspective d'un trépas imminent incitait Audrey à s'accorder l'absolution pour la faute commise quelques instants plus tôt. Elle se persuada qu'elle avait dû avoir l'intuition de sa fin prochaine et s'expliquait ainsi son manque de maîtrise. Il lui restait sans doute peu de temps pour jouer son rôle de compagne. Elle s'y employa pourtant de son mieux.

— Ce sont les hommes de Gênes?

— Sans doute...

Il ne comprit pas qu'elle pût rire en un pareil moment. Il ne pouvait pas deviner que Miss Farrington, ayant le sens de l'humour, estimait d'une cocasserie énorme autant qu'amère d'avoir tant travaillé à Somerville College pour venir finir sous les coups d'un assassin ne la connaissant même pas! Mais elle avait trop fréquenté les héros du Quattrocento pour ne pas posséder une âme forte. Elle eut une pensée pour sa mère et, à cause de son chagrin, elle regretta vraiment de mourir puis, jugeant que les règles de l'éducation britannique supportaient d'être négligées en un pareil moment, elle confia à Aldo toutes les batailles livrées contre elle-même pour ne pas s'avouer qu'elle l'aimait. Du coup, le garçon ne se soucia plus d'Andrea Montani et de ses tueurs pour ne plus s'occuper que d'Audrey. Enlacés, ils vivaient un présent qui était en même temps un avenir et Miss Farrington, les yeux clos, écouta, à travers la voix chaude de son compagnon, Petrarque lui dire sa tendresse. Ils oubliaient le temps qui coulait ; ils oubliaient qu'il leur fallait rentrer à Naples; ils oubliaient qu'on voulait les tuer. Mais le meurtrier se chargea de les rappeler à la réalité lorsque l'Anglaise se levant pour défroisser sa robe eut son chapeau — qu'elle levait à bout de bras en s'étirant — emporté par une balle. On s'affirmait tenace et sans doute attendrait-on les premières ombres du soir pour les abattre en toute quiétude. Les deux jeunes gens s'étaient trop écartés de la route menant de Capri à Anacapri pour alerter ceux qui l'empruntaient et les coups de feu n'éveillaient aucune curiosité dans un pays où chacun agissait à sa guise. Pour une fois, Audrey regretta les policemen britanniques. Mais saint Janvier, qui a pour Naples et les Napolitains une affection particulière, regardait justement ce qui se passait à Capri (son île préférée). Il estima qu'il ne pouvait permettre qu'une fille du brouillard trouvât une fin prématurée sous un beau soleil, sans compter que les histoires d'amour ne sont pas pour lui déplaire. Aussi s'arrangea-t-il pour que dom Eusebio Mangiapani, excursionnant par là, eut l'idée d'emmener sa troupe de boys-scouts contempler le paysage au-delà de la grand-route. Lorsque les deux jeunes gens perçurent ce piétinement de troupe en marche, ils crurent tout de bon leur dernière heure venue et estimèrent que c'était là un motif suffisant pour se jeter derechef dans les bras l'un de l'autre avec l'espoir que la mort les emporterait enlacés.

Une toux brève et nettement forcée obligea Miss Farrington à tourner la tête et ce qu'elle vit lui fit presque sortir les yeux de ses orbites : un jeune prêtre la contemplait d'un œil sévère tandis que les regards intéressés d'une vingtaine de garçonnets l'examinaient avec la plus extrême attention. Cramoisie, elle ne se souvenait pas d'avoir jamais eu honte à ce point. On l'aurait surprise se promenant en slip à Trafalgare Square qu'elle n'eût pas été plus gênée. Elle en regrettait presque le tueur au fusil. Par contre, Aldo rayonnait. Il se précipita vers le prêtre :

— Ah! padre, vous arrivez bien!

L'abbé eut un air des plus réticents :

— Je n'en ai pas tellement le sentiment, mon fils! Et, s'adressant à Audrey :

— ... l'impudeur, ma fille, est le pire des péchés car Dieu nous a recommandé la décence pour éviter de succomber à la tentation.

Il ajouta, montrant ses ouailles :

— ... il n'y aurait que moi, cela n'aurait pas d'importance, mais ce sont ceux-là... Souvenez-vous qu'il a été dit : « Malheur à ceux par qui le scandale arrive ! »

— Mais, mon Révérend... on voulait me tuer !

Dom Eusebio sursauta :

— Qu'est-ce que vous racontez, ma fille ? C'est ce garçon qui vous menaçait ? Pourtant, je n'ai pas eu l'impression que c'était à vos jours qu'il avait l'intention d'attenter ?

Ce rappel de la situation délicate où elle venait d'être surprise rendit Miss Farrington incapable de s'expliquer. Mais Aldo eut tôt fait de mettre leur sauveur au courant des périls courus. En bon Napolitain, Don Eusebio croyait au miracle perpétuel et n'éprouva aucune difficulté pour admettre qu'il avait été l'instrument de la Providence. Il commença par ordonner à tout le monde de se mettre à genoux et de réciter à haute voix une prière d'action de grâces en l'honneur de saint Janvier qui, satisfait de la tournure prise par les événements, retourna à ses occupations. Le prêtre plaça Aldo et Audrey au milieu de sa troupe en déclarant :

— Nous verrons bien si ces maudits de Dieu oseront encore vous tirer dessus !

Et sur son ordre, la compagnie toute entière s'ébranla d'un pas martial en direction de Capri tout en chantant un cantique qui avait l'écho d'un hymne guerrier.

Miss Farrington et Aldo purent prendre le dernier bateau pour Naples où ils arrivèrent assez tard. Aldo tint absolument à accompagner Audrey jusqu'au Macpherson's. A vrai dire, il ne songeait plus beaucoup à l'oncle Rocco, aux diamants et à tous les ennuis sur le point d'écraser sa famille. Seul son amour comptait. Avant d'arriver à l'hôtel, ils profitèrent d'un coin sombre pour échanger encore des baisers fiévreux et se prêtèrent mutuellement des serments qui les engageaient jusqu'aux environs de leur cent cinquantième année.

Lorsque Aldo entra dans l'appartement de vicolo San Matteo, la mama poussa un rugissement où l'on ne pouvait discerner si la colère l'emportait sur la joie :

— T'as donc juré de tuer ta mère, dis, monstre ? Si ça doit continuer comme ça, j'aime mieux qu'on m'enterre tout de suite !

Personne ne semblant vouloir se charger d'une aussi épouvantable besogne, elle se rassit, soupçonnant qu'on l'aimait moins que par le passé. Cette hypothèse eut pour effet immédiat de la faire fondre en larmes. Mais son fils, la prenant par la taille, la souleva de son siège et, sous les regards ébahis des autres, l'entraîna dans un tour de valse en lui assurant :

— Mama... mama... je suis heureux.

— Vas-tu me laisser, grand imbécile ! T'as pas honte ?

Mais l'éclat de jeunesse qui brillait dans ses prunelles démentait l'apparente indignation de ses paroles. Quand, enfin, Aldo se décida à lâcher sa mère, celle-ci, soufflant comme un phoque échoué sur la banquise, était dans l'impossibilité d'articuler un mot. Le garçon rit, embrassa une fois encore l'auteur de ses jours et se mettant à table demanda :

— Y a quelque chose à manger?

Lauretta lui passa son assiette gardée au chaud. Giovanni, aussi surpris que les autres de l'humeur de son beau-frère, tint à l'avertir :

— Tu sais, Aldo, j'ai cherché partout : impossible de repérer cet Andrea Montani. A croire qu'il s'est volatilisé!

— Sûrement pas, mais tandis que tu le cherchais à Naples, il se trouvait à Capri.

— A Capri? Et qu'est-ce qu'il y fabriquait?

— Il essayait de me tuer!

Posément, la mama se leva et d'une voix qu'on ne lui connaissait pas déclara :

— Écoutez-moi bien, tous! J'en ai assez! Vous allez me faire le plaisir d'en terminer avec vos tueries et vos batailles parce qu'autrement, moi, je fiche le camp avec les petits! Il y en a encore quatre qui ont besoin de moi et si ça continue comme ça, je sens que je serai obligée de me coucher et que je me relèverai que pour aller au cimetière! Quant à toi, Aldo, le ciel te punira pour te moquer de ta maman!

— Mais je me moque pas de toi!

— Tu te moques pas de moi, sans respect?

Tu nous racontes que tu es heureux... tu danses et tout ça parce qu'on a encore essayé de te tuer?

— Non, mama... c'est parce qu'elle m'a dit qu'elle m'aimait!

— Sainte Madone, vous n'aurez donc jamais pitié? Avoir élevé un fils jusqu'à vingt-cinq ans pour le voir devenir idiot tout d'un coup, vous croyez que c'est agréable pour une mère qui n'a jamais manqué la messe du dimanche? Dites? Je vous le demande?

La Madone ne daignant pas venir s'expliquer, force fut à la mama de sommer son rejeton de raconter ce qui s'était passé à Capri. Tout plein de son amour, il entremêla les coups de feu et les baisers, si bien que les soupirs de satisfaction et les halètements d'angoisse accompagnaient son récit. Si Lauretta était plus attentive à la trame de l'histoire d'amour, Gelsomina et les autres s'intéressaient surtout à l'attentat. Lorsque Aldo eut terminé, la perspective de son mariage l'emporta quand même dans l'esprit de tous sur la peur de voir Andrea Montani renouveler ses tentatives d'assassinat. Dino, qui se retirait pour gagner sa chambre, tint à donner son avis :

— Si j'étais toi, Mario, j'irais trouver Garazzi pour qu'il mette les Signori au courant. Eux se chargeraient bien de ce Montani...

Au moment où Dino s'apprêtait à quitter la cuisine, il se heurta à l'inspecteur Rigo de Santis qui entrait.

— Où vas-tu, Dino?

— Me coucher. Tu y vois un inconvénient?

— Je ne sais pas encore, mais tu peux bien attendre un moment?

Sans répondre, Dino regagna sa place près de Gelsomina. A la vue du policier, Mario se leva :

— Encore toi, Rigo? Tu peux plus te passer de nous, à ce qu'on dirait?

— Je ne suis pas ici pour mon plaisir.

— Tu n'y es pas non plus pour le nôtre!

La mama essaya d'arranger les choses :

— Fais pas attention, Rigo, on est tous un peu énervés après ce qui s'est passé.

— Qu'est-ce qui s'est passé?

— Andrea Montani a encore essayé de tuer Aldo!

— Vraiment?

De Santis s'adressa au garçon :

— Je t'écoute, Aldo.

Pour le policier, l'aîné des fils Garofani recommença son récit mais, cette fois, il omit de parler de sa belle aventure avec Audrey. La mama conclut :

— A mon idée, Rigo, c'est le Bon Dieu qui lui a envoyé le prêtre parce que le Bon Dieu voulait pas que mon garçon meure!

— Le Bon Dieu n'aime voir mourir personne avant l'heure qu'il a fixée, Fina. Pas plus Aldo que Rocco ou que Tino de Donatis...

— Tu vas comparer!

— Pour moi, un homme assassiné en vaut un autre. Il ne m'appartient pas de le juger. Mon devoir est de trouver son meurtrier, un point c'est tout. Les juges font le reste, du moins sur cette terre. A quelle heure es-tu revenu à Naples, Aldo ?

— Vers huit heures... Pourquoi ?

— Quand es-tu arrivé ici ?

— Il y a une demi-heure à peu près...

Rigo consulta sa montre.

— Il est la demie de dix heures... Qu'est-ce que tu as fait entre huit heures et dix heures ?

— J'ai accompagné Miss Farrington au Macpherson's.

— On t'y a vu ?

— Non... nous nous sommes quittés avant l'hôtel.

— Dommage. C'est long deux heures pour aller du port au corso Vittorio Emmanuele II...

— On a bavardé... Mais pour quelles raisons me demandez-vous tout ça ?

— Parce qu'Andrea Montani a été poignardé il y a moins de deux heures. On a trouvé son corps derrière une pile de bois... pas loin de l'endroit où tu as ta barque, Dino.

Sans s'émouvoir, le pêcheur dit :

— Et alors ?

— Et alors, je suis obligé d'emmener Aldo au commissariat pour qu'on lui pose quelques questions. Je regrette, Fina, mais je ne peux pas faire autrement.

La mama s'approcha du policier. Elle était tout d'un coup devenue une autre femme. Pâle, la voix sèche, elle dit :

— C'est pas vrai, Rigo ?

— Sois raisonnable, Fina.

— Qu'est-ce que tu appelles être raisonnable? Que je te laisse emmener mon fils?

— Je dois l'emmener.

— Pourquoi?

— Parce que Montani a tenté deux fois de le tuer.

— Je comprends pas?

— Aldo était de ceux qui avaient le plus d'intérêt à sa mort.

— Mon fils est pas un assassin?

— Je l'espère.

— Si tu l'emmènes, tu mettras plus les pieds ici, Rigo!

Le policier se tourna vers Aldo .

— Tu viens, petit?

Ils sortirent sans que personne ait bougé. La mama entra dans sa chambre et tous l'entendirent pleurer. Lauretta voulut la rejoindre mais Mario l'arrêta :

— Laisse... Il faut que ça lui sorte...

Giovanni s'adressa à Dino :

— Si c'est vous qui avez tué Andrea Montani, on vous approuve, mais vous pouvez pas laisser les flics s'en prendre à Aldo!

Toujours aussi calme, le pêcheur remarqua :

— Crois-tu que si j'étais le coupable, j'aurais permis à Rigo d'emmener Aldo?

Mario mit la main sur l'épaule de son frère :

— Je suis sûr que non. Moi, je vais voir Garazzi.

Aldo s'en moquait d'être en prison. Allongé sur sa couchette, il pensait à Audrey, sa femme. Il travaillerait pour être digne d'elle, pour qu'elle ne regrette rien et même, s'il le fallait, il l'accompagnerait en Angleterre. Montani ? Qu'est-ce qu'il avait à en faire de Montani ? Il sourit en pensant au pauvre Rigo qui était bien embêté. Jamais la mama ne lui pardonnerait et tout le monde savait que le cousin aimait la mama. Aldo se sentait assez heureux pour n'en vouloir à personne. Il réconcilierait sa mère et Rigo.

Dans son lit, Audrey ne songeait pas à dormir. L'exaltation de l'après-midi tombée, elle se jugeait. Trop franche pour chercher de vaines excuses, elle reconnaissait la sottise de sa conduite. Elle ne le regrettait pas. Elle aimait Aldo depuis l'aventure de la piazza Corvetto. Simplement, elle n'avait jamais eu le courage de se l'avouer. Maintenant elle ne pouvait plus reculer. Il serait son mari. Évidemment, cela posait des tas de questions difficiles à résoudre mais elle n'était pas de celles qui se cachent les obstacles. Pour si pénibles qu'ils puissent s'affirmer, elle les vaincrait. Elle ressentait, cependant, un léger frisson d'angoisse en imaginant le visage de son père, lorsqu'elle lui annoncerait son mariage avec un Napolitain n'ayant pas plus d'argent que de culture ou de métier. Sans doute, le côté romanesque du caractère de sa mère trouverait-il dans cette incroyable histoire une satisfaction qui la ferait passer sur tout le reste ? Audrey voulait s'en persuader sans en être tout à fait certaine. Naturellement, il n'était pas question que Miss Farrington restât en Italie, et moins encore à Naples ? Puisqu'elle se destinait à l'enseignement, elle commencerait par éduquer son futur mari. Elle jugeait Aldo intelligent, sensible et amoral, mais la morale s'apprend. Elle le transformerait sinon en gentleman, du moins en quelqu'un qui puisse l'accompagner sans qu'elle ait à en rougir. Le plus dur serait de le convaincre de la nécessité de parler anglais. D'avance, elle partageait sa révolte. Lorsqu'on a la chance d'avoir l'italien comme langue maternelle, c'est vraiment une grande barbarie que d'être obligé de s'exprimer en anglais.

Mario revint de chez son ami Garazzi avec la promesse d'alerter dès le matin les Signori en faveur d'Aldo et de tenter d'obtenir une prolongation du sursis accordé aux Garofani pour retrouver les diamants, vu la mort des deux meurtriers de Rocco. Quoique content pour son fils que les Signori sortiraient sans doute de prison, Mario ne se dissimulait pas qu'on ne faisait que reculer une échéance à laquelle il serait impossible de répondre. Tino de Donatis et Andrea Montani disparus, qui mettrait les volés sur la trace des voleurs ? Toute la famille guettait le retour du père. Il rassura tout le monde et on alla se coucher après s'être longuement embrassé les uns et les autres afin de se prouver qu'on avait partagé la même angoisse et qu'on communiait dans la même espérance. Lorsqu'il fut allongé à côté de sa femme, Mario chuchota (pour ne pas réveiller les petits dormant près d'eux) :

— Tu vois ce que c'est ton Rigo, hein ?

La mama poussa un soupir qui eut gonflé les voiles d'un trois-mâts avant d'avouer :

— Celui-là, je le connais plus !

Rassuré, Garofani se tourna sur le côté et s'endormit un sourire aux lèvres. Tout compte fait, il n'était pas mécontent de cette journée.

Dans sa cellule, Aldo dormait du sommeil des gens heureux. Il rêvait. Il se voyait quelque part sur une plage dorée par le soleil, Audrey auprès de lui, regardant jouer leurs enfants. Les pensées de Miss Farrington, par contre, étaient moins gaies. Au fur et à mesure que la nuit avançait, la réalité lui apparaissait dépouillée des mensonges de l'illusion. A trois heures du matin, elle admettait la quasi-impossibilité de ce qu'elle se proposait de tenter. Hors de sa Campanie natale, Aldo ne ressemblerait-il pas à ces anémones de mer qui, retirées de l'eau, perdent tout éclat ? Elle le voyait mal dans la grisaille londonienne. D'ailleurs, il ne supporterait sûrement pas le climat. Répugnant aux entêtements inutiles, Audrey aborda le problème d'une autre façon. Peut-être pourrait-elle trouver un poste de professeur d'anglais dans une école italienne ? Dans ce cas, elle romprait quasiment avec sa famille et son cœur se serrait à la perspective de ne plus revoir sa mère. Aux premières lueurs de l'aube, elle finit par s'endormir, juste au moment où Dino se levait pour rejoindre son bateau.

Dans la cuisine où le pêcheur pénétra sans bruit

pour se faire chauffer sa tasse de café matinale, il eut la surprise de trouver Gelsomina.

— Je t'attendais, Dino.

— Ah?

Elle s'approcha de lui et, de la voir si belle, Dino sentit une grande tendresse le submerger. Il eût voulu la prendre dans ses bras et l'emmener loin, loin...

— Dino... je sais que tu m'aimes depuis longtemps... Tu sais que je t'aime... Je... Je voudrais être sûre, malgré ce que pensent les autres, que tu n'es pour rien dans toutes ces horreurs au milieu desquelles nous vivons depuis que Mario a parlé des diamants?

— Je te le jure sur notre amour, Gelsomina mia.

— Je te crois, Dino.

Mais, quoi qu'elle en dît, pour la première fois de sa vie, Gelsomina n'était point convaincue que Dino ne mentait pas.

Il fallut que Rigo secouât Aldo pour le réveiller.

— Allez, viens...

Le policier conduisit le garçon dans son bureau.

— Assieds-toi... Naturellement, tu ne veux rien me dire sur ce que vous êtes en train de fabriquer à San Matteo?

— Je comprends pas?

— Bien sûr... Je connais Mario depuis toujours. Il s'est sans cesse fourré dans des histoires impossibles... Donc, hier soir, tu as accompagné Miss Farrington au Macpherson's et vous avez mis deux heures pour effectuer ce trajet?

— Oui.

— Ce n'est pas vrai, Aldo.

— Je vous jure que..

— Ce n'est pas vrai, Aldo. Tiens-tu à ce que je te dise où tu as passé ces deux heures pendant lesquelles on a tué Andrea Montani ? Tu te trouvais dans le bureau de maître Gabriele Rizzoni... Tu ne t'en doutais pas ?

— C'est-à-dire...

— C'est-à-dire, Aldo, qu'un simple inspecteur de police ne peut pas accuser de faux témoignage quelqu'un de l'importance de maître Rizzoni. Je n'aurai pas la curiosité de t'interroger sur ce que tu étais supposé faire chez maître Rizzoni ; d'ailleurs il y a le secret professionnel, pas vrai ? Donc, tu n'as pas tué Montani... Quelqu'un d'autre s'en est chargé. Je me demande si c'est bien la peine que je le cherche ? Tu as de belles relations, Aldo, pour que maître Rizzoni ait téléphoné lui-même au commissaire afin de te fournir un alibi et c'est d'autant plus curieux que personne, à part ta famille, ne savait que je t'avais emmené... Comment, diable, cet avocat a-t-il été mis au courant ? Tu ne pourrais pas me renseigner là-dessus non plus ?

— Non.

— Je n'espérais pas une autre réponse. Je ne te recolle pas en cage, petit, mais tu resteras ici jusqu'à midi parce que, tout de même, le commissaire aimerait bien avoir une conversation avec toi... une conversation amicale, s'entend. Je vais faire prévenir chez toi... qu'on ne s'inquiète pas.

— Je vous remercie, cousin Rigo.

— Ne me remercie pas, petit, car s'il ne tenait qu'à moi, tu resterais bouclé!

— Pourquoi?

— Pour te protéger, Aldo. Tu es sur la mauvaise pente. Je commence à deviner ce que vous trafiquez, les Garofani, et ça ne me plaît pas du tout... Oh! mais alors, pas du tout!

— Vous vous faites des idées!

— Continue comme ça et tout fils de Fina que tu sois, je te cogne dessus. Quant à ton père, quand tu le reverras, dis-lui qu'il ne va pas tarder à avoir affaire à moi. Je ne veux pas que Fina soit la femme et la mère de bagnards!

Il s'énervait, Rigo, et Aldo commençait à n'être plus très rassuré.

— Figure-toi que cet avocat, Rizzoni, je le connais de réputation... de mauvaise réputation... Je sais pour qui il travaille et moi, Rigo de Santis, je te défends de travailler pour les Signori! Aldo! tu entends?

Pris au dépourvu, Aldo ne protesta pas tout de suite. Quand il le fit, c'était trop tard.

— Je... je sais même pas de qui vous parlez?

— Tais-toi, imbécile! Écoute, je vous aime bien tous... mais si, un jour, je pouvais démolir les Signori, je les démolirais même si je devais pour cela tout foutre en l'air à San Matteo! Compris?

Aldo baissa la tête et, dans un murmure :

— Compris...

— Bon... Tu n'as plus qu'à te rappeler ce que je t'ai dit et ça ira mieux pour toi... Je ne veux plus savoir ce que tu allais fabriquer à Gênes et pour le compte de qui. Je ne veux pas savoir si c'est Tino de Donatis et Andrea Montani qui ont assassiné ton oncle et pourquoi. Et si jamais tu avais des ennuis avec les Signori, viens me trouver. Quoique Napolitain, je peux tenir ma langue quand il le faut.

CHAPITRE VII

Sous la double menace de Rigo et des Signori, l'atmosphère devenait peu à peu irrespirable au vicolo San Matteo. On ne riait plus, on ne criait plus et on n'éprouvait plus l'envie de susciter une de ces bonnes petites querelles qui vous procurent la joie de la réconciliation. A part la mama, les autres évitaient d'adresser la parole à Dino qu'on soupçonnait de plus en plus de choses qu'on n'osait pas préciser. Même Gelsomina regardait son silencieux amoureux avec des yeux inquiets. Pour la première fois de sa vie, Mario semblait avoir des soucis tandis que Lauretta et Giovanni, qui ne s'étaient encore jamais querellés, se disputaient sans cesse pour des broutilles. Si la mama conservait sa belle humeur à laquelle nul ne faisait écho, c'est parce qu'elle se forçait à ne pas prendre au sérieux ce qui se passait autour d'elle tandis qu'Aldo, lui, n'en avait même pas conscience. A ses yeux, le monde se réduisait à sa belle histoire avec Audrey. Le reste ne présentait aucune importance. D'ailleurs, il ne réapparaissait à la maison que pour dormir ; le reste du temps, il vivait en compagnie de la petite Anglaise.

Le soleil napolitain continuait d'exercer ses maléfices, toutes les raisons que Miss Farrington se donnait la nuit pour mettre un terme à son aventure amoureuse se dissipaient dans la lumière du matin. Sans se préoccuper de l'avenir, les deux jeunes gens se promenaient dans Naples et couraient la campagne autour de la ville. Audrey découvrait de petits cafés champêtres où l'on buvait des vins vous montant à la tête et Aldo estimait naturel de vivre aux crochets de celle qu'il aimait. Miss Farrington trouvait tout merveilleux et, la beauté du paysage aidant, elle évitait de se poser les questions pouvant la gêner.

Alan Raston, qui se morfondait à Gênes, eut la mauvaise idée de téléphoner à celle qu'il s'obstinait à considérer toujours comme sa fiancée alors qu'elle s'apprêtait à rejoindre Aldo pour aller visiter Pompéi. La conversation fut courte. Audrey coupa rapidement le discours d'Alan en lui annonçant non seulement qu'elle n'avait pas l'intention de regagner Londres de sitôt, mais encore qu'elle lui rendait sa parole, leurs projets anciens lui apparaissant sous l'aspect d'une erreur monumentale qu'elle remerciait le Ciel d'avoir pu éviter à temps. Pour dorer un peu la pilule, elle affirma — avec cette désinvolture un peu cynique des femmes qui s'imaginent avoir rencontré l'amour — qu'elle garderait un excellent souvenir d'Alan et lui conseilla vivement de chercher à Londres une épouse qui saurait plaire à sa mère. Elle raccrocha sans vouloir entendre les protestations de son correspondant.

Quand Eileen Raston vit la figure de son fils, elle devina que quelque chose de grave venait de se passer.

— Qu'y a-t-il, Alan ?

— Je viens de téléphoner à Audrey.

— Il faut croire que vous avez de l'argent de reste ! Qu'est-ce que cette personne a pu vous dire qui vous ait mis dans un tel état ?

— Elle m'a rendu ma parole.

Devant son air malheureux, Eileen Raston eut assez d'empire sur elle-même pour ne pas laisser voir sa joie. Elle se contenta de remarquer :

— Je suis navrée pour vous, Alan, si vous en souffrez, mais permettez-moi de vous confier, même si cela doit vous irriter, que, pour ma part, cette nouvelle m'enchante. Cette personne n'était pas digne de devenir votre femme et il est heureux que les choses ne soient pas allées plus loin. Elle s'est moquée de nous et je me réserve de dire à sa mère ce que je pense de l'attitude de sa fille. Si vous tenez absolument à vous marier, si vous estimez que votre existence auprès de moi n'est pas complète, je vous trouverai une jeune fille qui vous conviendra et vous goûterez, enfin, le bonheur auquel vous avez légitimement le droit d'aspirer, un bonheur dont votre mère ne sera pas absente.

Il ne parut pas à Mrs Raston que cette perspective faisait vibrer son fils d'enthousiasme et elle lui en marqua de l'humeur tandis qu'il sollicitait son approbation pour un prompt retour à Londres.

Ce matin-là, en dépit de la proximité imminente de cette grande fête que serait la première communion de Pamela, tout marchait de travers chez les Garofani.

Cela commença au moment où la famille réunie prenait son petit déjeuner. Lauretta y apparut en larmes. Non seulement Giovanni l'avait traitée de tous les noms, mais encore il s'était permis de la gifler. A cette nouvelle, la mama retrouva son énergie perdue et somma son gendre de s'expliquer et vite, s'il ne tenait pas à ce qu'il lui arrive un malheur. Un peu honteux, Giovanni confessa qu'il s'était mis en colère parce que sa femme avait perdu la clé du coffre apporté de chez lui et qui contenait tous les papiers auxquels il attribuait de l'importance. Lauretta protesta de son innocence. Quinze jours plus tôt, son mari lui avait interdit de toucher à son coffre aux souvenirs. Le récit fut ensuite écouté dans une indifférence générale qui affola la mama car, mieux que tout autre preuve, elle montrait à quel point tout allait mal à la maison. Dans une tentative désespérée, elle essaya de ranimer la vieille flamme du foyer qui s'éteignait. Elle s'approcha de Giovanni qui ne se tenait pas sur ses gardes et le gifla à toute volée :

— Jamais un Garofani n'a frappé sa femme et Lauretta est de chez nous! T'avise pas de recommencer!

Contrairement à son attente, son gendre ne réagit pas ; embrassant son épouse, il la pria de lui pardonner. Mais ce baiser ne déclencha pas, comme à l'accoutumée, une réaction d'embrassades en chaîne. Il y avait bien quelque chose de cassé dans le rythme de l'existence au vicolo San Matteo.

Quand elle se retrouva seule avec Gelsomina, la mama ne put cacher sa peine :

— J'ai plus de goût à rien... On se dispute plus, on se réconcilie plus... C'est pas une vie, Gelsomina, si tu veux mon avis. Jusqu'à maintenant, on a tout supporté parce qu'on s'aimait bien, mais si on s'aime plus, c'est la fin de tout... Giovanni qui se conduit mal avec Lauretta... Mario qui a l'air si triste que ça me fend le cœur... Dino qui fait sa tête de mule et toi, on dirait que t'as avalé du poison et que tu peux pas le digérer ! On me cause quasiment plus... Enfin, par le sang de saint Janvier, qu'est-ce que je suis donc ici, si on me tient à l'écart de tout ?

— Tant qu'on n'aura pas retrouvé l'assassin de Rocco, ça sera comme ça.

Le chagrin rendit Serafina injuste :

— Ton mari, c'était un bon à pas grand-chose, mais enfin tant qu'il vivait, il nous causait pas d'ennuis. On va quand même pas laisser tout craquer à présent qu'il est mort ?

Gelsomina faillit se mettre en colère, mais elle connaissait la mama depuis si longtemps qu'elle était habituée à ses manières.

— Tu parles, tu parles, tu parles, Serafina, et tu fais pas attention à la moitié de ce que tu dis...

Mets-toi donc dans la tête qu'on peut plus vivre comme avant dans cette maison...

— Et pourquoi ? Parce que Rocco est mort ?

— Parce qu'on a peur que son assassin soit un de nous !

La mama resta la bouche ouverte quelques secondes, incapable de reprendre son souffle. Quand elle y parvint, elle prit sa sœur aux épaules et la secoua :

— T'es folle ou quoi, Gelsomina ?

— Je le suis pas, mais si ça continue, je tarderai pas à le devenir !

— Mais enfin, qu'est-ce qui se passe ?

— Il se passe que ton mari, ton fils, ton gendre pensent que c'est Dino qui a tué Rocco !

— Non ?

— Si ! Et le plus terrible, Serafina... c'est que je suis pas sûre de pas le croire aussi...

Écrasée, la mama s'assit sur une chaise et croisa ses mains sur ses genoux, pareille à une vieille femme. Dans l'impossibilité de raisonner, de démontrer, elle n'avait que son instinct pour balbutier :

— C'est pas vrai... C'est pas vrai... C'est pas vrai...

Brusquement, elle se souvint :

— Quand Aldo est venu te dire, tu y croyais pas toi non plus ? Alors, pourquoi maintenant ?..

— Aldo avait peut-être vu juste. Je m'en doutais pas, mais ces hommes assassinés... L'un avec un couteau qui est celui de Dino, l'autre près de la barque de Dino... Qui a tué les meurtriers de Rocco ? Et pour quelles raisons, sinon pour qu'ils puissent pas parler ?

— Je te répète que c'est pas possible, Gelsomina. Il y a plus de vingt-cinq ans que Dino vit près de nous... Il a toujours été quelqu'un de bien. Il t'aime? Et puis après? C'est pas un crime de t'aimer?

— Non, mais c'est un crime de tuer celui qui est entre lui et moi.

— Il aurait pas attendu si longtemps, si c'était son intention.

— Il l'aurait peut-être même jamais fait s'il y avait pas eu cette occasion du voyage à Gênes.

— Bon, admettons qu'il ait voulu se débarrasser de Rocco parce qu'il t'aime... Mais Aldo? Dino a toujours été un frère pour moi et il m'aurait assassiné mon petit? Vous avez perdu la raison tous, tant que vous êtes!

Elles se turent, murées dans leur chagrin. La première, Serafina recommença à parler, parce que se taire trop longtemps s'était au-dessus de ses forces.

— C'est des histoires affreuses tout ça... Et Pamela qui doit faire sa première communion dans quatre jours!

Gelsomina la rassura :

— Pour la petite, on essaiera qu'elle se doute de rien et qu'elle ait une belle fête.

La journée se termina mieux qu'elle n'avait commencé. La gloire en revint à Giovanni qui posa au milieu de la table une fiasque de chianti de deux litres en affirmant que ce soir il entendait régaler toute la famille. Prudente, la mama proposa de mettre le vin de côté pour la première communion de Pamela, mais son gendre déclara qu'il espérait bien pouvoir rapporter la même chose pour cette grande fête. Du coup, on oublia le mutisme de Dino, l'angoisse de Gelsomina, l'insouciance d'Aldo et l'inquiétude générale touchant les réactions des Signori à l'égard des Garofani pour trinquer. Prié d'expliquer le miracle, le mari de Lauretta annonça qu'il était tombé sur des touristes américains qui, dès le lendemain matin, l'emmenait sur leur yacht pour visiter les îles ; l'un d'eux parlant italien, servirait d'interprète. Giovanni resterait absent deux jours, mais toucherait huit milles lires dont il avait déjà reçu mille en acompte d'où son achat. Tout le monde but un peu de chianti, y compris les deux derniers, Benedetto et Bruna, qui firent la grimace en précisant qu'ils auraient préféré un gâteau. Pour un soir, les Garofani retrouvèrent l'atmosphère d'autrefois. Aldo lui-même prit part à la gaieté générale et la mama en fut si heureuse qu'elle n'hésita pas à chanter *Santa Lucia*. Mario lui répondit en poussant d'une belle voix de ténor *O sole mio*. On vit sourire Dino qui contemplait son frère et ce sourire réchauffa tous les cœurs.

Lorsque Giovanni prépara son léger bagage le lendemain soir, on eût cru — à entendre les femmes et à voir l'affairement qui régnait dans la cuisine — que le garçon partait pour le bout du monde. Lauretta lui fit jurer de penser à elle, la mama lui recommanda de ne pas prendre froid.

Mario l'étreignit comme s'il ne devait plus le revoir et, se réadaptant au rite ancien, la famille entière s'embrassa pendant un bon quart d'heure. Giovanni n'avait pas voulu qu'on l'accompagnât jusqu'au port, craignant que le spectacle du clan en proie aux affres de la séparation ne le ridiculise aux yeux de ses patrons d'outre-Atlantique.

Comme chaque fois qu'il manquait quelqu'un dans la famille, les Garofani vécurent dans l'inquiétude pendant la courte absence de Giovanni. Depuis la mort de Rocco, on redoutait les voyages. Mais un autre sujet d'affolement força ceux qui restaient, à ne plus trop se préoccuper de Giovanni : Dino ne rentra pas le lendemain de son départ. Gelsomina qui avait beaucoup d'imagination décrivit le corps du pêcheur ballotté par les eaux du golfe de Naples. La mama, trouvant l'occasion de se faire entendre, entonna une sorte de chant funèbre en l'honneur de Dino et sur la fatalité accablant la famille. Elle se proposa en victime expiatoire au courroux céleste et, consciente d'avoir agi comme elle le devait, elle se remit à pétrir la pâte de sa pizza. Aldo gagna le port où on lui apprit que la barque de son oncle ne se trouvait pas à son poste habituel. Les pêcheurs refusèrent d'admettre l'éventualité d'un accident. Dino connaissait bien son affaire et la mer était d'un calme de conventine en prières. Pour eux, il avait dû se rendre auprès d'une amie à Capri ou à Ischia. Mais Aldo savait que son oncle n'aimait que Gelsomina. Ce même soir, comme on servait la soupe, la mama eut une inspiration et qui cadrait trop bien avec ses convictions intimes pour qu'elle ne l'exposât pas aussitôt aux autres.

— Et si ton frère s'était suicidé, Mario?

Sous la surprise, Garofani avala de travers et faillit tout de bon étouffer. Il ne retrouva sa respiration que grâce aux claques solides et alternées qu'Aldo et Gelsomina lui frappèrent dans le dos. Profitant de ce que son mari se trouvait hors d'était de répondre, Serafina développa sa pensée :

— Ça lui ressemblerait bien d'aller se périr de façon discrète...

Gelsomina et Lauretta fondirent en larmes, bientôt imitées par Pamela et Tosca. Benedetto et Bruna étaient trop profondément occupés à essayer mutuellement de s'ingurgiter leur soupe respective pour écouter ce qu'on racontait et qu'ils n'eussent, d'ailleurs, pas compris. Ayant repris possession de ses moyens, Mario tapa sur la table, ce qui fit sauter les couverts et écarquiller les yeux de ses deux bébés.

— Assez! Qu'est-ce qui te prend, Serafina? Tu veux nous couper l'appétit? Tu as du plaisir à les voir pleurer, ces idiotes? On a pas eu assez de malheurs comme ça, il faut que t'en rajoutes!

La mama leva vers le plafond le regard de celle qui sait et qu'on ne croit pas et, d'une voix pointue où vibrait tout un monde d'hypocrisie :

— Bon, bon... Je dirai plus rien. Si vous préférez pas voir la vérité....

Écœuré, Mario repoussa son assiette :

— Mais, enfin, par la Madone, pourquoi mon frère aurait-il attenté à ses jours?

Elle le contempla avec une surprise admirablement jouée :

— Tu me demandes pourquoi ?

— Oui, je te demande pourquoi !

— Eh bien ! je vais te le dire... je vais vous le dire à tous, bande de sans-cœur !

Elle se leva lentement et, telle Cassandre admonestant la cour du roi son père pour prophétiser la destruction de Troie, elle déclara :

— Vous pleurez sur le sort de Dino, mais, tous, vous avez trouvé normal de l'accuser de crimes abominables ! Alors, faudrait s'entendre ! Quand c'est que vous êtes sincères ?

Ils baissèrent le nez car, au fond d'eux-mêmes, ils s'en voulaient de soupçonner Dino et pourtant... Triomphante, goûtant un de ces moments exquis où elle les écrasait tous de son autorité indiscutable, la mama poursuivit :

— Toi, Gelsomina, tu sais qu'il t'aime depuis toujours, tu dis que tu l'aimes et viens me raconter qu'il a peut-être bien tué Rocco ! Toi, Aldo, tu oublies que ton oncle a toujours veillé sur toi plus que ton propre père et tu estimes naturel de le considérer comme un assassin ? Quant à toi, Mario, à ta place, je mourrais de honte ! T'es un vrai Caïn !

Elle se rassit avec beaucoup de dignité, consciente d'avoir distribué le blâme ainsi qu'elle le devait et d'avoir, pour un instant, incarné la justice. Malheureusement, la plus innocente — Lauretta — remit tout en question en demandant :

— Alors, où il est l'oncle Dino ?

La mama dut s'avouer qu'elle n'avait point répondu à cette interrogation par sa noble diatribe. Avant qu'elle ait réussi à inventer une explication plausible, Aldo, sans trop réfléchir, annonça :

— Les pêcheurs, ses copains, pensent qu'il est allé rejoindre une bonne amie qu'il aurait à Capri ou à Ischia.

Tous les regards convergèrent vers Gelsomina qui pâlit jusqu'aux lèvres. Une fois de plus, la mama se jeta dans la bataille et s'en prit à son fils aîné :

— Comment, tu oses ?... Tu sais très bien que Dino, il aime seulement Gelsomina ? Pourquoi tu racontes des choses pareilles ? Ça t'amuse de faire de la peine à Gelsomina ?

Aldo regrettait déjà sa remarque, mais ne voulait pas céder devant ses frères et sœurs :

— Leur histoire, je m'en fous !

— Ah ! tu t'en fous ? Eh bien ! attrape mon garçon, ça te rendra peut-être le sens de la famille !

Tout en parlant, Serafina se releva et calotta son aîné de belle manière. Il y avait bien sept ou huit ans que cela ne lui était pas arrivé. Aussi surpris l'un que l'autre, Aldo et sa mère ne réagirent pas tout de suite, ayant du mal à réaliser ce qui venait de se passer. Mario prit tout de suite la défense de son fils :

— Tu frappes ton fils à présent, Serafina ?

Quoique pas tellement fière de son geste, la mama n'éprouva point le besoin de recourir au mensonge pour se justifier.

— Tant que je serai maîtresse ici, je permettrai pas qu'on dise des mensonges! Nous vivons comme de vraies bêtes féroces depuis des semaines et tout ça à cause de toi!

— A cause de moi!

— Oui, à cause de toi! Mauvais père! Mauvais mari! Mauvais frère! Depuis le jour où tu as voulu qu'on soit riche en commettant une vilaine action!

Outré, peiné, Mario se dirigea vers sa femme.

— Tu vas te taire, oui? Tu vas te taire?

— Non, je me tairai pas! Tu es la cause de tout! C'est toi qui as tué Rocco!

Hors de lui, Garofani gifla sa femme. Aussitôt, un silence de mort régna dans la pièce. La mama, ouvrant des yeux semblables à des soucoupes, bégaya :

— Tu... tu... tu m'as... ba... battue...

Épouvanté de son geste, Mario, l'esprit perdu, ne vit pas venir Gelsomina qui, à son tour, le gifla durement.

— De la part de Rocco et de Serafina!

Lauretta fonça aussitôt sur sa tante en criant :

— T'as pas le droit! T'as pas le droit!

Mais Giuseppe empêcha sa sœur aînée de toucher Gelsomina en la saisissant aux cheveux. Ils tombèrent tous deux sur le sol. Pamela mordit cruellement Giuseppe au mollet pour défendre Lauretta. Le garçon hurla, rua, atteignant sans le vouloir Alfredo qui beugla d'indignation, ce qui eut pour effet de déclencher l'hilarité de sa cadette Tosca à qui, incontinent, répondant à l'injustice par l'injustice, il décocha un maître coup de poing.

Bruna profita de ce que nul ne s'occupait d'eux pour enfoncer sa cuillière dans la bouche de Benedetto qui eût été étouffé si sa mère, à ce même moment, n'eût jeté les yeux sur lui. Elle fondit sur sa dernière née, lui arracha la cuillère des mains et de la gorge de son frère, puis elle prit ce dernier dans ses bras pour calmer sa panique. Ce geste maternel suspendit les hostilités générales et la mama, d'une voix tremblée, murmura :

— Mais qu'est-ce qui nous arrive, par le Christ vivant ?

Le premier, Mario céda à son remords :

— Serafina, je te demande pardon...

Quand elle vit qu'il pleurait — et bien qu'elle sût qu'il versait des larmes très facilement — le cœur de la signora Garofani fondit. Plaçant Benedetto sur sa hanche, elle embrassa tendrement son époux. Ému, Aldo dit à sa tante :

— Pardonne-moi, toi aussi, Gelsomina... J'ai été idiot.

Et, mentant pour la bonne cause :

— Les pêcheurs ne m'ont rien raconté... c'est moi qui ai tout inventé...

Rassurée, Gelsomina ouvrit les bras à son neveu. Lauretta, qui ne voulait pas demeurer en reste, embrassa Giuseppe ; Pamela fit de même avec Tosca. Alfredo qui dormait dans un coin d'un sommeil si profond que ni les cris, ni les pleurs n'avaient pu le réveiller, fut arraché à ses songes par les baisers de Bruna. Il n'y comprit rien, mais, d'un naturel affectueux, il rendit ses caresses à sa cadette. Ayant retrouvé leur climat habituel, les

Garofani et Gelsomina allèrent se coucher le cœur en paix.

Ayant l'obscur sentiment de ne s'être jamais arrachée à cette ivresse légère qui l'avait transportée le soir où, pour la première fois de sa vie, elle avait bu du vin chez Italo Sachetti, Audrey, souriante, assise sur la Riviera di Chiaia, écoutait Aldo lui affirmer sa résolution de travailler sitôt qu'elle aurait officiellement annoncé leurs fiançailles.

— Je trouverai de l'argent pour acheter une barque et j'irai pêcher en compagnie de Dino.

Elle entrait dans le jeu.

— Et... où vivrions-nous?

— Peut-être à Ischia... Je sais que Dino voudrait s'y installer... Je suis sûr qu'il le fera dès que Gelsomina aura accepté de l'accompagner...

Audrey riait intérieurement en songeant à l'étonnement des professeurs de Somerville College s'ils apprenaient que leur meilleure élève, devenue la femme d'un pêcheur napolitain, vivait les pieds nus sur le rivage d'Ischia. A la réflexion, il lui parut que seul Éric Obson ne se montrerait peut-être pas surpris. Cette pensée la rendit mélancolique. Au même moment, parce qu'il avait prononcé les noms de Dino et de Gelsomina, Aldo retombait dans la réalité. Comment espérer faire sa vie aux côtés de l'assassin de Rocco? De là, il passa aux menaces des Signori et, tout d'un coup, pour lui, le ciel ne fut plus bleu. Ce mariage avec Audrey, auquel son imagination le faisait déjà assister, il le voyait maintenant reculer, reculer, reculer... Sans s'en faire confidence, Miss Farrington et son amoureux napolitain réalisaient qu'ils se perdaient dans un conte de fées et qu'à un instant ou à un autre, l'existence quotidienne les ramènerait fatalement sous sa loi. Comme l'homme en train de se noyer se raccroche à tout ce qui se trouve à sa portée, Aldo empoigna le bras de sa compagne.

— Audrey... tu m'aimes ?

Il y avait tant de détresse dans la voix du garçon qu'elle en fut bouleversée.

— Tu le sais bien, Aldo...

— Rien ne peut plus nous séparer, n'est-ce pas ?

Il ne remarqua pas la petite hésitation qu'elle eut avant de répondre :

— Rien...

Elle n'était pas tout à fait sincère, mais à quoi bon l'inquiéter en lui montrant les difficultés qui les attendaient, difficultés venant plus encore des autres que d'eux-mêmes ? Prétextant une lassitude subite, l'Anglaise abrégea la promenade et rentra de bonne heure au Macpherson's où on lui apprit qu'un signor souhaitait lui parler. Il était dans le petit salon depuis plus d'une heure. Tout de suite Audrey pensa qu'Alan venait de Gênes plaider sa cause et elle en fut exaspérée.

— C'est un Anglais ?

— Oh ! non, signorina... Un Napolitain. L'inspecteur Rigo de Santis.

Un policier ? Qu'avait-elle à faire avec un policier ? Le concierge baissa la tête sur son registre pour bien marquer qu'il ne sollicitait pas d'explications, mais Audrey sentit fort bien que ce bonhomme s'offusquait de ce que la police se permît d'entrer au Macpherson's, et qu'une jeune personne, aussi bien que Miss Farrington pût intéresser un inspecteur, le choquait.

— Vous avez demandé à me parler, signor inspecteur ?

— Avec votre permission, signorina... Je ne suis pas ici en mission officielle, rassurez-vous, mais à titre privé.

— Je ne comprends pas.

— Je suis le cousin des Garofani.

— Ah ? ... Asseyons-nous, je vous prie.

Ils prirent place dans les confortables fauteuils. Rigo estimait qu'Audrey était vraiment la plus jolie fille qu'il ait jamais rencontrée mais, du même moment, il notait la qualité de ses vêtements, son allure générale de femme riche parfaitement à son aise dans un cadre qui semblait conçu pour elle. Où diable Aldo s'inscrivait-il dans cette histoire et comment espérait-il la terminer ?

— Désirez-vous prendre quelque chose, signor ?

— Non, merci, signorina.

— Alors, je vous écoute ?

— Voilà, signorina... Non seulement je suis le cousin des Garofani, mais encore le plus vieil ami de Serafina. Je viens du vicolo San Matteo, où elle m'a appris que son fils et vous-même vous vous aimiez.

En bonne Anglaise, Audrey commença par s'étonner de ce que ses amours puissent intéresser la police napolitaine et elle faillit le souligner cavalièrement à son interlocuteur, mais par son attitude, par son regard sympathique, de Santis lui inspirait confiance ; aussi répondit-elle :

— Du moins, nous nous le figurons.

— J'aime bien Aldo, signorina, il est un peu pour moi le fils que j'aurais pu avoir... Pour lui, c'est une chance invraisemblable de vous avoir rencontrée. Puis-je vous demander ce que vous comptez faire tous les deux ?

— Mais... nous marier...

— Vraiment ?

— Vraiment ! Cela semble vous surprendre ?

— C'est que, permettez-moi de vous dire, il y a une telle différence entre Aldo et vous...

— Quelle importance ?

— Et puis... Aldo est pauvre, très pauvre... et, en vérité, je ne vois pas comment il pourrait en être autrement, car il ne goûte guère l'effort et encore moins un travail suivi.

— Ne vous mettez pas en peine, inspecteur. Si j'épouse Aldo, il faudra qu'il travaille et dur !

— Alors, signorina, vous l'aurez sauvé... et à tous les points de vue. Mais, pour le présent, c'est à moi qu'il appartient de tenter l'impossible pour le protéger.

— Contre qui ?

— C'est justement ce que j'essaie de deviner, signorina, et je compte sur vous pour m'aider, maintenant surtout que je sais votre tendresse pour le fils de Fina. Racontez-moi ce qui s'est passé à Gênes.

Rigo écouta la jeune Anglaise lui faire le récit de sa rencontre dramatique avec Aldo.

— Il ne vous a jamais dit pourquoi il s'était rendu à Gênes?

— Non. D'ailleurs, je ne le lui ai jamais demandé.

— Et vous ne soupçonnez rien?

— Ma foi, non... Pourtant, j'ai compris, quand on nous a tiré dessus, à Capri, que l'agression contre Aldo, à Gênes, n'était pas le fait du hasard.

— Et vous n'avez pas exigé d'explications? Vous n'êtes pas curieuse, signorina...

— A moins que je n'aie peur de connaître la vérité?

Ils se regardèrent bien en face et ils comprirent qu'ils pouvaient compter l'un sur l'autre. Ils en éprouvèrent un commun soulagement qu'ils traduisirent par un sourire. Le policier se leva et tendit la main à Audrey.

— Amis?

Elle prit la main tendue.

— Amis!

Il se montra joyeusement bourru :

— Alors, ne vous mettez pas martel en tête ; je vais le tirer du guêpier où il s'est fourré, votre Aldo, car ce n'est pas un mauvais garçon, vous savez? Paresseux comme la plupart des Napolitains... Une maladie qu'il a héritée de son père qui la tenait lui-même de son propre père et ainsi de suite... Je crois qu'on pourrait remonter la lignée des Garofani jusqu'à Romulus et Rémus sans en trouver un seul qui ait cru qu'on était sur terre pour travailler!

— Je le ferai changer d'opinion, comptez sur moi!

— Si vous y parvenez, ce sera un événement historique! Bonne chance, signorina!

En redescendant vers la vieille ville, Rigo de Santis convenait à part lui qu'il s'était un peu trop avancé en annonçant à Miss Farrington qu'il se faisait fort d'arracher Aldo à ce qui le menaçait. Mais pourquoi aurait-il inquiété la petite?

Sans plus de bruit qu'au moment de son départ, Dino revint à San Matteo assez tôt pour recevoir Giovanni. Interrogé sur son absence, il répondit qu'il était allé essayer un nouveau coin de pêche et qu'il n'avait voulu prévenir personne afin de ne pas perdre le bénéfice de sa découverte. On lui reprocha l'inquiétude causée à toute la famille. Il en montra de l'étonnement, mais on devina qu'il en éprouvait de la satisfaction. Gelsomina, qui le connaissait mieux que quiconque, sentit que quelque chose le préoccupait et elle se résigna à attendre qu'il la prît pour confidente si le cœur lui en disait.

Giovanni apparut, rayonnant, à l'heure qu'il avait fixée et on le fêta comme s'il rentrait d'un long périple. Il annonça qu'avec l'argent gagné en compagnie de ses Américains, il offrirait sa robe de première communion à Pamela. La petite dansa de joie autour de la table et la mama n'eut pas le courage de la gronder. Ce fut une belle soirée, surtout que l'oncle Dino, ne voulant pas demeurer en reste, promit à sa nièce de lui payer son missel ; Gelsomina se chargea des images pieuses tandis que Mario procurerait le reste. Mais il semblait à tous que Giovanni se trouvait dans un état d'excitation pas naturelle. Sans en avoir l'air, on le surveillait. La dernière bouchée avalée, le garçon n'y tint plus :

— J'ai une grande nouvelle...

Enfin, il se décidait ! Ils se turent, attentifs.

— Mes Américains m'ont pris en sympathie... J'ai raconté à celui qui servait d'interprète entre ses amis et moi mon envie d'aller tenter ma chance à New York, mais aussi que j'avais pas d'argent. Lui, c'est un type à qui on a donné un coup d'épaule au départ et qui, après, s'est débrouillé tout seul. Aujourd'hui, il gagne des tas de dollars... Alors, écoutez bien : en souvenir de celui qui l'a aidé autrefois, il me paie mon voyage jusqu'à New York et mon séjour là-bas jusqu'à ce que j'aie trouvé du travail. Qu'est-ce que vous dites de ça ? Je tiens enfin ma chance et la fortune qu'on a ratée à Gênes, je suis sûr qu'elle m'attend là-bas !

Ils s'exclamèrent devant l'avenir doré qui s'offrait à Giovanni ; Aldo comme Giuseppe et Pamela se voyaient déjà bouclant leurs valises pour rejoindre leur beau-frère devenu, en Amérique, un roi de quelque chose. Seule, Lauretta montrait grise mine. Son mari s'en aperçut et, lui prenant les mains :

— Tu trouves pas ça merveilleux, Laurettina ?

— Si... mais tu vas me laisser ?

— Juste le temps de gagner l'argent de ton voyage et de te l'envoyer.

— Tu crois que ce sera long ?

— Cinq, six mois au plus... Et puis, il y a tellement d'Italiens à New York qu'il y en aura bien un qui me prêtera de quoi payer ton billet.. Six mois de séparation, ma chérie, et puis après on sera heureux, je te le promets!... Peut-être que tu me reconnaîtras plus quand tu débarqueras à New York et que tu verras un gentleman descendre d'une belle voiture pour t'accueillir?

Ils rirent mais, déjà, ils croyaient tous au conte de fée. L'imagination napolitaine trouvait dans l'aventure supposée de Giovanni son domaine de prédilection. Chacun apportant sa pierre à l'édifice de leur rêve commun, ils bâtirent une histoire extraordinaire qui les transformait les uns et les autres en millionnaires roulant auto, habitant des maisons luxueuses qu'entretenait un personnel dévoué (que la mama exigea devoir être recruté parmi leurs compatriotes) et revenant de temps en temps à Naples pour montrer aux gens de San Matteo ce qu'ils étaient devenus. On se querella un peu sur le choix de la voiture qu'on achèterait, Mario et Aldo tenant pour une Fiat tandis que Giovanni et la mama préféraient une Cadillac. Pas un moment, il ne leur à l'esprit qu'ils pourraient s'intégrer à l'existence américaine autrement que tous ensemble.

Toutefois, Lauretta ne parvenait pas à se mettre à l'unisson. Elle ne pensait qu'à la séparation prochaine.

— Quand tu pars?

— Le mercredi qui arrive, je dois être sur l'aéroport de Rome.

— Mais... mais ça ne fait que trois jours?

— Mes Américains ont leurs affaires qu'ils ne peuvent abandonner trop longtemps... Mais, tu sais, plus vite je partirai et plus vite je gagnerai l'argent pour que tu viennes... Et puis, je t'écrirai toutes les semaines. Je prendrai le train mardi soir pour Rome... Ils m'attendront là-bas.

La mama voulut dissiper la tristesse de sa fille et déclara :

— Je me demande, Giovanni, si à New York, ils font une pizza aussi bonne que la mienne?

— Ils aiment peut-être pas la pizza, les Américains?

Incrédule, Serafina le regarda pour voir si, par hasard, il ne se moquait pas d'elle et, le jugeant sincère, elle tint à le rassurer et rassurer les autres du même coup :

— Tu ne vas tout de même pas chez les sauvages?

Mrs Eileen Raston savourait d'avance la revanche que le sort lui offrait. Le jour même de son retour à Londres, elle ordonna à son fils de la conduire chez les Farrington. Alan, qui devinait le but de sa mère et prévoyait la scène odieuse qui se préparait, voulut refuser, mais Mrs Raston affirma qu'elle s'y rendrait seule si son fils avait peur.

Mrs Raston conduisit son affaire avec un art consommé et Alan, quoiqu'il ne l'approuvât point, ne put s'empêcher d'admirer sa maîtrise. Donc, sa mère feignit d'être venue rendre une simple visite de politesse aux Farrington et lorsque Lucy lui demanda si sa fille, dont elle était sans nouvelles, comptait rester encore longtemps en Italie, Eileen joua l'étonnement. Comment ? Audrey n'avait donc pas mis ses parents au courant ? Puis, se refusant à trahir la jeune fille, elle déclara qu'il ne lui appartenait pas de révéler ce que Miss Farrington avait jugé bon de taire aux siens. En bref, elle fit tant et si bien que Douglas et Lucy, affolés, la sommèrent de leur dire ce qu'il en était. Le plus difficile pour Mrs Raston fut de se composer un visage. De toutes ses forces, elle lutta pour ne pas laisser la joie qui la soulevait transparaître sur ses traits. Tout y passa, depuis les escapades sur le *Duke of Lancaster* jusqu'à la fuite napolitaine pour rejoindre vraisemblablement un jeune voyou qu'Alan avait chevaleresquement sauvé au péril de sa vie. Le coup de téléphone d'Audrey à son fiancé pour lui signifier la rupture fut rapporté comme un engagement auprès de cet Aldo Garofani, réputé exercer un métier dont les honnêtes gens ne veulent même pas soupçonner l'existence. En bref, Eileen Raston réussit si bien que Douglas Farrington annonça à Alan que sitôt qu'il l'aurait mis au courant des dossiers reçus en son absence, il partirait pour Naples chercher sa fille.

En regagnant son domicile, Mrs Raston avait l'impression de marcher sur des nuages. Ah ! cette petite Audrey croyait pouvoir se moquer d'elle ! Elle s'était imaginé qu'elle réussirait à faire se révolter Alan ? Eh bien ! elle allait voir ce que ça lui coûterait ! Eileen eut été moins contente d'elle-même, cependant, si elle avait pu lire dans le cœur de son fils. La scène qui venait de se dérouler chez les Farrington avait ouvert les yeux du garçon. Il comprenait quelle femme était sa mère. Il comprenait que jamais aucune bru ne trouverait grâce à ses yeux et ce fut cet après-midi-là qu'il prit la décision de quitter Mrs Raston le jour où il se marierait.

Mario était venu inviter le cordonnier Costantino Garazzi à la première communion de Pamela, mais l'autre avait secoué la tête.

— Je te remercie bien, Garofani. Je suis sensible à ton geste, mais... c'est pas possible.

— Pourquoi ?

— Parce que je tiens plus encore à ma peau qu'à ton amitié.

— Ah ?...

— Faut pas m'en vouloir, Mario. Je suis déjà suspect aux Signori... Ils aiment ni les imbéciles, ni les maladroits, ni les traîtres. Ils savent que je les ai pas trahis, mais en leur proposant tes services, je me suis conduit comme un imbécile. Pour eux, je suis fini. A cause de mon passé, ils me laisseront peut-être tranquille... C'est tout ce que je peux espérer. Ma tranquillité, Mario... A mon âge, que demander d'autre ? S'ils me voyaient avec toi... chez toi... ils pourraient penser que nous sommes complices... et j'irais jamais me retirer en Sicile. Tu comprends ?

— C'est pas difficile.

— Et tu m'en veux ?

— Non... et puis, ça changerait quoi?

— Rien.

Ils restaient en face l'un de l'autre, ne sachant plus que dire. Ils sentaient bien tous les deux que quelque chose de beaucoup plus fort qu'eux les écrasait et qu'il n'existait pas de moyen de défense, pas d'espoir de salut... Il fallait se résigner. Qu'étaient-ils, après tout? De pauvres bougres de Napolitains qui avaient toujours vécu au jour le jour, sans savoir s'ils mangeraient ou non le lendemain. Une vieillesse sans angoisse constituait leur rêve... Un rêve entretenu pendant toute une vie de misère. Mario ne pouvait pas lui garder rancune de vouloir sauvegarder son rêve... Il soupira :

— Bon... On te regrettera, Costantino, et ta femme aussi, mais ça nous dépasse, c'est au-dessus de notre vouloir... Alors, y a qu'à se résigner. Que faire d'autre?

— Rien.

— Tu diras aux Signori que je les remercie pour avoir enlevé mon fils aux policiers.

— Ils aiment pas que d'autres se mêlent de leurs histoires...

Mario hésita un moment avant de poursuivre :

— Pourtant, il y a ces deux hommes...

— Oui, de Donatis et Montani... C'est sans doute eux qui ont assassiné Rocco... Vous avez bien agi en les éliminant, mais vous auriez été mieux inspirés de les interroger avant.

Garofani protesta :

— Mais c'est pas nous qui les avons tués!

— Les Signori pensent le contraire, Mario. Cependant, on a fouillé leurs chambres... On y a trouvé quelques diamants.

— Tu vois?

— Que quelques diamants, Mario... Où sont les autres? Tous les autres?

— Si seulement je m'en doutais...

— Le délai que les Signori t'ont accordé finit demain. A cause de la première communion, je vais les prier de te donner quarante-huit heures de sursis... Après...

— Après?

— Après, ils frapperont, Mario... et ton fils Aldo...

Sitôt qu'il se retrouva dans la rue, le calme dont il avait tenu à faire preuve devant le cordonnier abandonna Mario. Il ne fut plus qu'un pauvre homme dépassé par les événements, un père qui ne pouvait rien pour protéger son fils qu'on menaçait de tuer. Il n'osait pas rentrer chez lui et annoncer aux autres la terrible nouvelle et, ça, juste au moment de la communion de Pamela! Pour la première fois de sa vie, il envisagea de mourir, mais cette seule perspective le bouleversa à un point tel qu'il éclata en sanglots. C'est dans cet état qu'il rencontra Rigo de Santis qui se promenait dans le quartier, comme par hasard. Il voulut feindre de ne pas le voir, mais le policier l'attrapa par le bras au passage.

— Et alors, Mario, on ne dit pas bonjour?... Qu'est-ce que tu as?

— Oh! des soucis... Des petits soucis.
— Et les petits soucis te font pleurer?
— Tu me connais, Rigo, je suis un sensible.
— D'où viens-tu?
— De chez Costantino Garazzi, le cordonnier.
— Tu rentres chez toi?
— Faut bien...
— Ça ne semble pas t'enchanter?
— Non.
— Toujours à cause de ces petits soucis?
— Oui.
— Il y a longtemps qu'on n'a pas trinqué ensemble, Mario... Amène-toi, je t'offre un verre?
— J'ai pas bien le cœur, tu sais...
— Faut te forcer, cousin, faut te forcer... Tu n'as pas le droit de tomber malade. Ils ont encore bien besoin de toi à San Matteo, surtout Aldo, en ce moment...

De Santis avait lancé le nom d'Aldo un peu au hasard, comme le pêcheur qui trempe son fil à un endroit plutôt qu'à un autre, en se fiant à sa seule inspiration. D'entendre prononcer le nom de son fils emporta tout d'un coup la résistance de Mario qui, se cramponnant au policier, hoqueta entre deux sanglots :

— Ils vont me le tuer, Rigo! Ils vont me le tuer!...
— Qui?

Tout entier à son désespoir, Garofani ne se rendait plus compte de ce qu'il disait.

— Les Signori!

L'inspecteur poussa un soupir.

— C'était donc ça?... Tu t'es fichu dans le pétrin, hein, Mario, et tu y as collé les autres avec toi?

— Je mérite pas de vivre!

— Ce n'est pas le moment de gémir! Tu as assez fait de sottises comme ça! Tu vas me raconter toute l'histoire, et vite! C'est ta seule chance d'en sortir!

Mario n'opposa plus aucune résistance. Toute son énergie envolée, il se raccrochait à qui lui tendait la main. Ils dénichèrent un petit bistrot à peu près vide où Mario put confesser à voix basse et la proposition des Signori par l'intermédiaire de Garazzi, et le voyage de Gênes, et la mort de Rocco, et, enfin, les menaces des Signori. Quand il eut terminé, il fondit en larmes. Rigo s'énerva :

— Arrête de pleurer, ça ne sert à rien! Un joli gâchis! Les meurtriers de Rocco, c'était Montani et Donatis?

— Oui.

— C'est vous qui les avez tués?

— Non.

— C'est sûr?

— A quoi ça me servirait de te mentir maintenant, Rigo?

— Tu as une idée là-dessus?

— Non.

— Tu mens, Mario, et tu viens toi-même de reconnaître que ça ne sert plus à rien. Alors, qui?

Et Mario avoua les soupçons de la famille à l'égard de Dino qui aimait Gelsomina à en mourir, et parce qu'il fallait bien, hélas! que ce fût quelqu'un de chez eux ou de l'entourage des Signori qui ait renseigné les tueurs de Gênes.

Rigo de Santis ne tenait pas à affoler son cousin. A quoi bon lui préciser qu'on ne pouvait pas grand-chose contre les Signori ayant à leur service les plus grosses influences.

— Rentre chez toi, Mario, et ne parle de rien à personne. Je me charge de tout.

Il n'en fallait pas davantage pour faire passer Mario du pessimisme le plus noir à un optimisme qui lui rendait sa bonne humeur naturelle. Il tint à embrasser son cousin avant de le quitter, heureux de se décharger sur un autre de cette angoisse qui l'étreignait depuis la mort de Rocco. Maintenant, il estimait pouvoir penser en paix à la première communion de Pamela.

CHAPITRE VIII

Dès l'aurore du jour devant voir Pamela Garofani faire son entrée consciente dans la Sainte Église catholique, apostolique et romaine, on eût dit que les anges laissaient leurs ailes traîner sur le logement de San Matteo, tant chacun y observait une attitude décente, mesurait l'intensité de sa voix et s'acharnait à rendre service à son voisin. Benedetto et Bruna, eux-mêmes, semblaient gagnés par cette ambiance de contrition, de ferveur et d'amour du prochain. Ils ne cherchèrent pas à se faire tomber mutuellement de leur matelas et oublièrent de crier pour que les grands viennent les chercher. Ils ne pleurèrent pas lorsqu'on procéda à leur toilette que la mama voulut, cependant, plus complète que d'habitude, bien que les petits ne dussent pas assister à la cérémonie. Pour Pamela, avec ses yeux baissés, ses mains constamment jointes, elle ressemblait à une petite inspirée à qui le Seigneur serait apparu. Ses frères et ses sœurs, intimidés, ne la reconnaissaient pas. Jamais, de mémoire de Garofani, la maison n'avait baigné dans un calme aussi total dont on se sentait presque gêné. On avait un peu l'impression de n'être plus chez soi. Et ce, à tel point, que la voisine du dessous, intriguée par ce silence inaccoutumé, monta pour savoir si quelqu'un était malade. On lui assura que non, elle ne le crut pas complètement.

Les enfants se vêtirent de leur meilleur costume — le seul qu'ils possédaient du reste — Mario réussit à mettre un col et une cravate sans plonger sous les meubles à la recherche de ses boutons de chemise ; la mama, avec l'aide de sa sœur, parvint à crocheter un corset qui lui amincissait la taille, gonflait sa poitrine et l'obligeait à ouvrir la bouche spasmodiquement, tel le poisson rejeté hors de son élément naturel. En se montrant dans sa robe de deuil, transformée avec goût, Gelsomina suscita une admiration unanime. Aldo, Giovanni et Dino paraissaient empruntés dans des costumes dont ils n'avaient guère l'habitude. Lauretta fut déclarée charmante tandis que les gosses, assis les uns à côté des autres, reçurent l'ordre de ne pas bouger pendant qu'on procédait à l'habillage de Pamela dont la robe, le voile et la couronne étaient l'objet d'une attention soutenue.

Tout se gâta à cause du corset de la mama. Ne voulant laisser à personne le soin d'habiller sa fille, Serafina était contrainte à une gymnastique qui lui coupait le souffle et lui donnait un teint rouge brique se violaçant de minute en minute. Gelsomina, qui se portait à son aide, s'entendit rabrouer et parce que Pamela en bougeant dérangeait le pli de sa robe elle se fit rappeler à l'ordre avec une telle dureté qu'elle fondit en larmes. Exaspérée, la mama lui intima de se taire. La fillette, devant tant d'injustice, se répandit en sanglots déchirants. Bruna en bava d'étonnement sur la culotte de Benedetto qu'elle tacha. Furieux, ce dernier lui ramena la tête en arrière en l'empoignant aux cheveux. Elle hurla et Tosca pinça son cadet pour le punir. D'humeur batailleuse, Benedetto fonça sur son aînée, tête baissée. Heureusement, Alfredo le cueillit au passage, mais le gamin se débattit et bientôt il ne resta plus rien de la sagesse initiale. Dépeignés, vêtements froissés, sûre de son bon droit, la dernière génération se battait avec entrain. De stupeur, Serafina faillit avaler l'épingle qu'elle tenait entre les dents. Elle la cracha pour pouvoir lancer des invectives terribles à sa progéniture qui ne respectait pas ce jour béni entre tous.

A l'étage en dessous, la voisine, rassurée, retourna à ses occupations.

Mario tenta de rétablir l'ordre en assenant à l'aveuglette des claques qui ne tombaient jamais sur les coupables et provoquaient, de ce fait, des clameurs indignées. Lauretta, souhaitant aider la mama, s'entendit traiter de bonne à rien et courut se réfugier dans les bras de son mari qui reprocha à sa belle-mère son injustice. On lui fit alors remarquer qu'il n'était lui-même qu'un fainéant, ce à quoi il répliqua qu'il ressemblait à son beau-frère, lequel voulut, incontinent, lui sauter dessus. Lauretta hurla, Gelsomina se jeta entre Giovanni et Aldo, tandis que la mama cherchait fiévreusement dans sa mémoire le nom du saint réputé pour ses talents de concorde afin de l'invoquer. Dégoûté' Mario ôta sa cravate et se laissa tomber sur une chaise alors que l'héroïne du jour, Pamela, pleurait à petits coups en mordillant sa couronne, ce qui — lorsqu'elle s'en aperçut — fit oublier à Serafina sa quête céleste pour arracher des mains de la vandale la couronne inconsciemment broutée.

Jugeant que les Garofani avaient suffisamment donné libre cours à l'impétuosité de leur sang, l'oncle Dino intervint dans la bagarre. D'une voix nette, incisive, qui incitait à redouter un éclat sévère, il lança un : « Ça suffit » qui suspendit toutes les opérations des belligérants. Il promena sur les combattants un regard glacé :

— Je vous félicite... C'est gentil pour Pamela ce que vous faites. Elle se rappellera sa première communion... Benedetto et Bruna, si vous bougez seulement une oreille, je descends vous enfermer dans la cave tous les deux.

Terrorisés, les gosses se figèrent dans une immobilité de statue.

— Finis donc d'habiller la petite, Serafina... Gelsomina va t'aider.

La mama n'osa pas protester.

— Rajuste-toi, Mario, on ne tardera pas à partir. Lauretta et Giovanni, vous devriez passer devant pour retenir les chaises à l'église...

Ils sortirent tous deux sans répliquer. Dino eut un sourire satisfait :

— C'est pas mieux comme ça?

Lorsque Audrey pénétra chez les Garofani, elle fut frappée par l'accueil compassé qu'on lui réservait. Tout de suite, elle perçut cette atmosphère insolite qui imprégnait les lieux et transformait la tribu des Garofani. Ce n'était que chuchotements et regards baissés. Inquiète, elle se crut revenue en Angleterre et pensa assister au thé offert par un quelconque pasteur à ses plus notables paroissiens. Elle surprit, heureusement, le clin d'œil que lui adressait Aldo et, rassurée, comprenant que cette étrange pantomine relevait d'un rite secret et passager, elle s'efforça — pour ne choquer personne — à calquer son attitude sur celles des autres.

Ils se dirigèrent en procession vers l'église Trinita degli Spagnoli où avait lieu la cérémonie. En tête, Pamela qui, dans ses voiles, ressemblait, bien sûr, à une petite mariée. La mama suivait, marchant sur ses talons, afin de la laisser en point de mire à l'admiration des passants. Mario donnait le bras à sa femme. Puis venait Gelsomina en compagnie de Tosca précédant Aldo et Audrey ; enfin Giuseppe et Alfredo, côte à côte avec leur oncle Dino, terminaient le cortège.

Serafina n'était pas peu fière et, oubliant ses étouffements, se redressait, avançant une poitrine si curieusement carénée par le corset que la signora évoquait irrésistiblement une proue de navire. Mystérieusement prévenus, les habitants du quartier surgissaient à leurs fenêtres ou apparaissaient sur le seuil des maisons pour lancer des exclamations flatteuses qui chatouillaient agréablement l'orgueil maternel de Serafina. Une commère remarqua même à haute voix :

— On peut pas dire, mais ces Garofani, ils font que de beaux enfants. C'est à se demander comment ils s'y prennent?

Mario, qui avait entendu, salua la bonne femme :

— Toujours prêt à vous indiquer la méthode, signora! et même à vous offrir une démonstration...

On rit sauf la mama qui jeta un regard noir à son époux, lequel feignit de ne pas y prêter attention. Des gosses saluaient leurs copains, mais les jeunes Garofani, conscients du rôle qu'ils jouaient, ne daignaient pas répondre. Ce jour-là, ils ne se voulaient point d'amis. Ils planaient au-dessus de tout le monde.

Arrivés devant l'église, Pamela obtint de sa mère la permission (après une ultime inspection qui amena une rectification légère de l'équilibre de sa couronne) de rejoindre les camarades de son école dirigée par les Sœurs de la Sainte Agonie qui entendaient mener leurs ouailles toutes ensemble vers le Seigneur. Giovanni et Lauretta avaient retenu les chaises où la famille s'installa ; Mario à côté de sa femme avec Tosca, Gelsomina, Lauretta et Audrey sur la même rangée tandis qu'Alfredo, Dino, Giovanni, Giuseppe et Aldo occupèrent les places derrière le groupe.

L'église resplendissait d'ors et de lumières. Des bouquets innombrables mêlaient leurs senteurs à celle des cierges pour former une atmosphère assez étouffante où tout de suite Mario commença de s'assoupir. Une habitude ancienne que la mama connaissait bien et c'est pourquoi elle s'arrangeait toujours pour garder son époux près d'elle afin de l'empêcher de s'endormir complètement et de ronfler. En attendant le commencement de la cérémonie, on s'observait, on s'étudiait, on examinait les toilettes, les visages pour noter des vieillissements réconfortants, des signes intéressants de maladie ou les preuves déprimantes de jeunesse se continuant de manière abusive. L'entrée des communiants et communiantes parmi les tempêtes harmonieuses déchaînées par l'orgue suspendit ces espionnages malveillants. Chaque famille n'avait d'yeux que pour l'école de son fils ou de sa fille et, dans celle-ci, pour son enfant. Lorsque la mama vit passer Pamela, les larmes lui montèrent aux yeux et elle ne put se tenir de chuchoter à Mario :

— C'est vrai qu'elle est belle, notre petite...

Garofani se redressa. Mais l'assistance se figea lorsque, précédé des clergeons et des prêtres de la Trinita degli Spagnoli, monseigneur Spoati, coadjuteur de l'archevêque de Naples, fit son entrée solennelle. Les orgues redoublèrent de violence, des fidèles crièrent d'enthousiasme. Avant que ne commençât la célébration de l'office, Monseigneur tint à ce qu'on lui présentât les écoles dont les élèves devaient recevoir la Sainte Communion. Accompagné de Dom Albrandi, curé-doyen de la Trinita, il passa tout au long de la nef devant chaque groupe d'écoliers en échangeant quelques mots avec les sœurs ou les frères les dirigeant. Or, les sœurs de la Sainte-Agonie sollicitaient depuis longtemps une faveur de l'archevêché pour la reconstruction du préau de leur établissement. Aussi, dans l'espoir de plaire à monseigneur Spoati qui pourrait alors toucher deux mots de leur supplique à l'archevêque, elles lui avaient préparé une surprise. Lorsque Son Éminence s'arrêta devant les fillettes des sœurs de la Sainte-Agonie en demandant :

— Et qui sont ces beaux angelots ?

Trente gamines — parmi lesquelles Pamela Garofani — entonnèrent la réponse d'une seule voix :

Nous avons pour mère,
Douze bonnes sœurs,
Nous avons pour père
Vous seul, monseigneur (1) !

Le curé-doyen, en écoutant cet étrange aveu hautement proclamé, manqua en laisser tomber la toque qu'il tenait à la main et monseigneur Spoati, un peu surpris tout de même, se pinça les lèvres pour ne point se départir de cette impassibilité obligée d'un prince de l'Église. Il eut des paroles aimables pour la supérieure tout en pensant que la merveilleuse naïveté de ces bonnes filles s'affirmait un miracle constant dont les Napolitains ne prenaient même pas concience. Toutefois, en remontant vers l'autel, il glissa à Dom Albrandi :

— Mon cher doyen... tâchez d'éviter des initiatives de ce genre... Ces chères sœurs n'y entendent point malice, bien sûr, mais nous n'avons point que

(1) Authentique.

des oreilles amies, aujourd'hui, dans votre église et je serais fâché qu'on puisse rire de moi à Rome... Ces Messieurs ont parfois la dent dure...

Bientôt, les voix graves des chantres répondant aux chœurs aériens des fillettes et des garçonnets soutenus par les grondements de l'orgue, plongèrent l'assistance dans une sorte de quiétude attendrie qui incitait au retour sur soi-même, au bilan. Serafina regardant Pamela se revoyait dans sa robe de mariée avec toutes les illusions qu'elle emportait dans sa blancheur immaculée. Elle eut une pensée fugitive pour le bon Rigo, pensée dont elle demanda aussitôt pardon au Bon Dieu. Mario sentait les larmes lui piquer les paupières car il s'attendrissait sur lui-même. Il s'efforçait de deviner s'il y aurait une aussi belle musique à son enterrement qui ne saurait tarder beaucoup si les Signori décidaient sa mort. Cette même musique faisait songer Dino à une marche nuptiale tout en contemplant la nuque de Gelsomina qu'il aimait depuis si longtemps. Giovanni se trouvait bien loin de là. Emporté sur les flots d'harmonie, il voguait au milieu de l'Atlantique et, déjà, il s'imaginait apercevoir au loin la statue de la Liberté. Lauretta, entre deux prières, essayait de se représenter à quoi New York pouvait bien ressembler. Quant à Audrey et à Aldo, ils pensaient tous deux à une autre cérémonie. Miss Farrington, perdue dans les rites somptueux d'une religion qui n'était pas la sienne, se laissait bercer par la musique et les chants qui emportaient tous les obstacles se dressant entre elle et Aldo. A cette Vierge qu'on ne lui avait pourtant pas appris à aimer de façon particulière, elle prêta serment de n'avoir point d'autre époux qu'Aldo Garofani et mit tout son bonheur à venir sous sa protection.

Costantino Garazzi tapait sans entrain sur les clous qu'il enfonçait pour fixer une semelle. Il était d'humeur sombre parce que l'affaire des Garofani ne s'arrangeait pas. Un coup de marteau sur les doigts lui fit pousser un juron terrible qui éclata dans le silence comme un coup de trompette, juste au moment où un homme entrait dans son échoppe. Le nouveau venu s'immobilisa sur le seuil et remarqua :

— Drôle d'accueil, Costantino!

Mais Garazzi n'était pas d'humeur à plaisanter.

— Qu'est-ce que vous voulez ?

— Te parler ?

— Me parler ?

Le cœur du cordonnier se mit à battre à grands coups sous l'empire d'une panique qu'il ne parvenait pas à maîtriser. Il se leva péniblement :

— Vous venez de la part de qui ?

— De personne.

— Ah ? et vous voulez me parler ?

— Et je veux te parler.

Garazzi distinguait mal les traits de ce visiteur placé à contre-jour.

— Alors, fermez la porte...

L'autre obéit. Tenant le manche de son marteau bien serré dans sa main, Costantino s'approcha :

— On se connaît ?

— Depuis une cinquantaine d'années à peu près...

Le visiteur fit un pas en avant à la rencontre du cordonnier qui s'exclama :

— Rigo de Santis!

Rigo sourit.

— Tu as été long à me remettre, Costantino... c'est tes yeux qui ne valent plus rien ou ta mémoire qui a des trous?

— T'occupe pas... Qu'est-ce qui se passe?

— Je vais te le dire...

Tournant le dos à Garazzi, le policier ferma à clé la porte de l'échoppe. Costantino eut de nouveau très peur.

— Pourquoi tu fermes?

— Pour qu'on ne soit pas dérangé...

— Mais t'as pas le droit! Je suis chez moi ici...

Le ton de Rigo se fit soudain cassant :

— Ça suffit, Garazzi! Le droit, je m'en fous... mets-toi bien ça dans la tête et assieds-toi!

Dompté, le cordonnier obéit, l'esprit en déroute. L'inspecteur prit place en face de lui sur un escabeau. Dans un murmure, Costantino menaça :

— Je me plaindrai...

— Aux Signori?

Garazzi crut que le toit lui tombait sur la tête. Comment Rigo pouvait-il savoir? La gorge nouée, incapable d'articuler un mot, il fixait le visiteur d'un regard affolé, attendant la suite, une suite qui — il en était sûr — lui apporterait pas mal d'ennuis. Coincé entre les Signori et la police, il n'en réchapperait pas, il ne pouvait plus en réchapper.

— Costantino, tu sais que je suis cousin de Mario Garofani... Il m'a mis au courant pour l'affaire des diamants...

Garazzi ferma les yeux. Salaud de Mario! Voilà comment il le remerciait! En allant tout raconter à la police! Le maudit! Un Judas, ce Mario! Rien d'autre qu'un Judas! Et parce qu'il avait eu confiance en lui, Costantino, au lieu de couler une vieillesse paisible, risquait de finir ses jours en prison!

— Je sais ce que vous préparez contre les Garofani et d'abord contre Aldo. Je suis venu te dire que je n'étais pas d'accord.

— Que tu sois d'accord ou pas, les Signori s'en fichent, Rigo!

— Ils ont tort car ils me trouveront sur leur chemin!

Le cordonnier en béa de surprise. Mais qu'est-ce qu'il se croyait donc ce bon à rien de policier? Reprenant du poil de la bête, il ricana :

— Tu crois pas que tu y vas un peu fort, Rigo? T'es jamais qu'un minable de flic, hein? Les Signori ont le bras long et ça leur coûterait pas grand-chose de te faire casser! Vaudrait mieux pour toi rester tranquille et pas fourrer ton nez dans des affaires qui te regardent pas!

— Tu ne m'as pas compris, Costantino... C'est pas le policier qui te parle, mais le cousin de Mario.

— Mario est un imbécile!

— Ça se peut, mais personne ne touchera à Mario et aux siens.

— Parce que?

— Parce que je l'interdis!

Le cordonnier éclata de rire.

— C'est pas croyable! T'es devenu fou, ma parole?

— Écoute bien ce que je dis, Costantino, et tu iras le répéter à tes patrons.

— Cause toujours!

— J'ai cinquante ans, pas de femme ni d'enfant. Mourir m'est égal. Etre cassé, je m'en moque, Tu diras aux Signori :

« Rigo de Santis m'a juré sur la croix que si vous vous attaquez aux Garofani, ils commencera par me descendre avant d'aller abattre maître Rizzoni. »

Héberlué, le cordonnier demanda :

— Tu connais maître Rizzoni?

— Suffisamment pour lui vider mon revolver dans les tripes à cette crapule!

— Et... et pour moi... c'est... sérieux?

— Tu le verras... mais si tu tiens à ta peau, débrouille-toi pour qu'on laisse les Garofani tranquilles?

— Et... les diamants?

— Tu sais très bien qu'ils ne les ont pas.

— C'est pas suffisant, Rigo. Tu dois le comprendre! C'est quand même eux qui les ont perdus!

— Les diamants, il n'est pas impossible que je les retrouve.

— Et alors?

— Alors, je te les rapporterai.

Après les vêpres où Mario, engourdi par une digestion difficile, ne cessa pas de dormir en dépit des coups de coude et des pinçons de son épouse, tous les hommes se rendirent chez Italo Sachetti pour se soulager de cette cure de silence. Les femmes regagnèrent le vicolo San Matteo pour mettre de l'ordre dans le logement quelque peu bouleversé. Tandis que Gelsomina et Lauretta s'occupaient des enfants, Audrey demeura en compagnie de la mama. Elle observait la grosse femme vaquant à ses travaux ménagers. Elle la compara avec sa propre mère : Lucy et Serafina se rejoignaient sur un point : leur égale bonté. Miss Farrington sut qu'elle aimerait la mama d'Aldo comme elle chérissait sa propre mère.

— Signora Garofani...

Surprise, la mama la regarda :

— Oui ?

— Je voudrais vous parler d'Aldo...

Méfiante, elle demanda :

— En bon ou en mauvais ?

— En bon... du moins, je le pense...

— Alors, ça va ! Vous l'aimez ou vous l'aimez pas, mon Aldo ?

— Je l'aime.

Avant qu'Audrey ait pu s'y préparer, la mama fondit sur elle et la couvrit de caresses dont Miss Farrington sortit suffoquée. Cette terrible manie de s'embrasser à tout bout de champ fatiguait la jeune Anglaise qui se félicita de l'absence du reste de la famille.

— Vous aimez mon garçon, mais, voulez-vous le marier ?

— Je suis obligée de l'épouser.

— Obligée ?

Ce qu'Audrey n'aurait jamais osé dire à ses parents, elle le confia sans trop de gêne à la mama dont la simplicité était capable de tout comprendre. Quand elle eut terminé sa confession, Serafina la prit dans ses bras et la berça légèrement comme si elle eût été un bébé.

— Cet Aldo... tout de même ! Un vrai don Giovanni...

Ne se rappelant plus ses colères furieuses en apprenant que sa propre fille avait succombé au charme de son futur mari, la mama ne cachait pas une admiration attendrie pour son garçon à qui nulle ne savait résister.

— On va arranger tout ça... Tu seras ma fille... et me donneras de beaux petits-fils... parce que je suis certaine que le premier sera un garçon...

Miss Farrington estimait que la signora Garofani allait un peu vite. Elle voulut l'interrompre, mais l'autre était lancée :

— Je suis bien contente de ce que tu m'apprends, mon enfant... C'est vrai, j'avais peur qu'Aldo se marie avec une de celles qu'il courtisait dans la vieille ville... Ah ! il m'en a fait faire du souci ! Pamela Orsini, Gioconda Ballestri, Maria Moldeano, Josefa Alessandri, Julietta Balgrami, Clara Turoni, Domenica Salvadori sont toutes venues me dire que mon fils les avait déshonorées et qu'elles exigeaient réparation...

Stupéfaite, puis ulcérée, Audrey écoutait la mama énumérer la longue liste des victimes d'Aldo et prenait conscience qu'elle n'était qu'un numéro de plus au tableau de chasse de l'impudique Napolitain. Son amour-propre humilié parlait plus haut que sa tendresse. Non, elle ne serait jamais la femme d'un pareil individu qui la tromperait avec la première venue. Inconsciente du drame qui se passait dans l'esprit d'Audrey, Serafina continuait :

— Tu penses bien que je les ai toutes fichées à la porte. Il y en a qu'une qui m'a inquiétée : Fiorella Gismondo... Elle était plus maligne que les autres... Elle prétendait qu'elle attendait un petit...

Audrey s'arracha des bras de la mama et s'enfuit en courant.

Vers vingt heures, ce même soir, le concierge du Macpherson's expliquait à un vieux gentleman, dans un anglais quelque peu bizarre mais dont il était très fier, que Miss Farrington, qu'il désirait voir, avait brusquement quitté l'hôtel en fin d'après-midi, pour prendre l'avion de Londres, lorsqu'un de ces Napolitains, dont la seule vue offensait son sens du respect dû à un établissement aussi important que le sien, se jeta littéralement sur le bureau pour réclamer d'une voix affolée :

— Miss Farrington *per favore* ?

Le concierge le regarda avec un mépris écrasant et sans daigner se donner la peine de former une phrase se contenta de laisser tomber :

— Partie !

Puis se retournant vers le gentleman qui, lui, ne tranchait pas avec la clientèle du Macpherson's :

— Puis-je quelque chose d'autre pour vous, sir ?

Benjamin, le concierge, se demanda s'il rêvait lorsqu'il se rendit compte que le voyou napolitain se permettait de l'agripper par la manche. Une telle vulgarité jointe à une pareille audace le stupéfiaient.

— Où est-elle partie?

— Londres.

Le désarroi de son interlocuteur lui rendit son sang-froid et, furieux, outré, il lui intima :

— Et maintenant, ça suffit! Fiche-moi le camp ou je te fais flanquer dehors!

Bien que ne comprenant par l'italien, Douglas Farrington — ayant entendu le nom de sa fille dans la bouche de ce jeune homme — examina avec attention Aldo qui, stupidement, demeurait sur place, incapable de prendre une décision. Douglas pensa qu'il s'agissait de ce garçon dont Alan lui avait parlé comme ayant séduit sa fille. Devait-il ou non le boxer? Mais était-ce bien lui? Il préféra s'abstenir pour ne pas susciter un scandale où il risquait de perdre sa réputation.

De son côté, Aldo ne prêtait aucune attention à l'Anglais parlant au concierge et il n'avait même pas pris conscience que cet étranger le regardait avec insistance. Pour lui, une seule chose importait : le départ d'Audrey... Elle était retournée dans son pays sans même lui dire adieu... après toutes les promesses faites... les engagements pris! Un employé s'approcha de lui et le touchant à l'épaule chuchota :

— Tu t'en vas tranquillement ou tu souhaites la bagarre?

Sans piper mot, Aldo s'éloigna. A travers ce type en livrée, Audrey et son clan le mettaient à la porte.

Douglas Farrington fut sur le moment d'interroger le concierge au sujet de ce garçon et de sa fille, mais il jugea que ce ne serait pas correct. Il se contenta de demander si la jeune fille avait laissé une adresse et quand il apprit qu'elle rejoignait la maison de ses parents, il jugea que tout rentrait dans l'ordre et qu'il ne lui restait plus qu'à retourner à Londres où, vraisemblablement, Audrey l'attendait.

Lorsque Audrey débarqua à l'aéroport, il pleuvait et c'est alors seulement qu'elle prit conscience de son retour en Angleterre. Pendant tout le voyage, elle était restée sans réaction, presque hébétée, comme si sa brusque décision avait épuisé toute son énergie. Maintenant, sous ce ciel gris, parmi les flaques d'eau, au milieu de ces voyageurs enfouis sous les imperméables et les parapluies, le décor napolitain reprenait possession d'elle-même et le beau visage d'Aldo se dessinait en filigrane sur l'horizon déprimant qui s'offrait à ses yeux. Dans l'autocar l'emmenant au bureau londonien de la Compagnie aérienne, elle ne songeait pas à regarder à travers la vitre. Tout était laid, triste en comparaison de ce qu'elle venait de quitter. Là-bas, cette lumière éblouissante et, ici, cette espèce de crépuscule morne... De quelle façon, Aldo avait-il réagi en apprenant son départ ? Pourvu qu'il n'ait pas attenté à ses jours... Elle fit appel à ce qui demeurait de son flegme britannique pour repousser l'éventualité d'une mort romantique d'un Aldo désespéré mais elle était suffisamment contaminée par le climat napolitain pour ne pas croire tout à fait aux raisons qu'elle se donnait.

Pour se prouver la fermeté de sa résolution, pour échapper définitivement au sortilège napolitain, elle téléphona à Alan Raston qui, sur le coup, n'en crut pas ses oreilles.

— C'est vraiment vous, Audrey?

— Mais oui, c'est moi.

— Où êtes-vous?

— A Londres.

— C'est formidable! Puis-je vous voir?

— Pas maintenant, mais si vous le voulez, nous dînerons ensemble demain soir.

— Où?

— Où vous voudrez.

— Le Berkeley?

— Va pour le Berkeley, à 8 heures, d'accord?

— Et comment!

— Alors, à demain, Alan...

— Attendez! Audrey, j'aime mieux être fixé toute de suite... Notre dernière conversation téléphonique en Italie est-elle toujours valable?

— Cela ne dépendra que de vous.

— Je ne comprends pas.

— Disons que j'aurai quelque chose à vous raconter et si, après m'avoir entendue, vous êtes toujours d'accord pour m'épouser, vous en parlerez à daddy.

— Je téléphone tout de suite au Berkeley pour retenir une table...

En montant dans le taxi qui devait la conduire chez ses parents, Audrey, cédant à une impulsion subite, se fit emmener à la gare de Paddington et demanda un billet pour Oxford où elle arriva vers le milieu de l'après-midi. Elle prit une chambre dans un hôtel à l'autre bout de la ville par rapport à Somerville College, ne tenant pas à rencontrer ses ex-compagnes. Puis elle téléphona à Éric Obson, son professeur d'italien, qui, bien que surpris de cet appel inattendu et du refus de Miss Farrington de venir le voir au collège, promit d'aller prendre le thé en sa compagnie dès la fin de son cours. En attendant leur rendez-vous, Audrey se claquemura dans sa chambre.

A 17 heures, Mrs Tornaby, la propriétaire, monta prévenir Miss Farrington qu'un monsieur la demandait. Elle l'avait introduit au salon et se permettait de rappeler que les visites dans les chambres étaient interdites. Audrey sourit en pensant qu'aux yeux de Mrs Tornaby le pauvre Eric Obson pouvait constituer un danger. Le professeur, toujours aussi au large dans ses vêtements, accueillit son ancienne élève avec affection :

— Je ne pensais pas, Audrey, vous revoir si tôt ? Et pourquoi tout ce mystère ?

— Ce que j'ai à vous confier est très délicat, monsieur Obson.

— Vraiment ? Mais puis-je vous demander si vous ne vous trompez pas ? Si je suis bien qualifié pour recevoir vos confidences ?

— Il n'y a que vous qui puissiez comprendre et me donner un conseil puisque...

— Puisque ?

— Puisque vous avez été à Naples.

— Ah ? je vous écoute, Audrey ?

Elle lui raconta tout, depuis la rencontre dramatique d'Aldo sur la piazza Corvetto jusqu'au non moins dramatique voyage à Capri et ses conséquences. Miss Farrington rougit quelque peu en précisant à son ami certains détails, mais elle crut de son devoir de le faire afin qu'il puisse juger en toute connaissance de cause. Elle n'omit pas de souligner la situation sociale d'Aldo et de sa famille, ainsi que ses triomphes féminins. En bref, elle n'enjoliva absolument pas le tableau qu'elle brossa au professeur du milieu où vivait celui qu'elle aimait. Il l'écouta, la tête penchée, sans mot dire. Quand elle eut terminé, il se contenta de demander :

— Qu'est-ce que vous attendez de moi, Audrey ?

— Un conseil.

— C'est grave parce qu'en somme, vous m'engagez à prendre la responsabilité de votre bonheur.

— Je ne sais plus de quel côté me tourner...

— Vos parents ?

— Ils ne me seraient d'aucun secours, vous le savez bien. Comment voulez-vous que mon père puisse envisager de sang-froid une mésalliance de cette taille ?

— Oui... Ne comptez pas sur moi, Audrey, pour vous dire : vous devez prendre ce parti ou cet autre. Je n'ai ni le droit, ni la qualité pour régler l'existence d'autrui... Seulement, parce que j'en ai fait moi-même la triste expérience, je voudrais essayer de vous faire comprendre que tous, tant que nous sommes, hommes et femmes, nous commettons la même erreur. Nous nous imaginons que le bonheur peut se découvrir, s'atteindre selon des chemins préparés à l'avance, de même que le voyageur gagne sûrement une ville en consultant l'horaire des chemins de fer. Nous commençons par organiser notre propre vie, nous bâtissons notre avenir d'une façon rigide en respectant tous les tabous de la société où le hasard de la naissance nous a placés. Alors — mais alors seulement — nous décidons de nous occuper de notre bonheur c'est-à-dire à choisir l'homme ou la femme qui s'intégrera le mieux, le plus facilement dans le décor que nous avons édifié. Or, Audrey, le bonheur, c'est beaucoup moins facile que ça... Il est presque toujours un choix déchirant, périlleux et c'est pour cette raison que personne ne saurait venir en aide à personne dans cette aventure capitale. Le plus souvent, pour atteindre au bonheur, il faut renoncer à nos propres richesses et quand on a le courage de le faire, on n'a même pas l'assurance qu'on ne s'est pas trompé. C'est pourquoi, Audrey, le bonheur est une chose si rare! Vous êtes fiancée à un homme que vous n'aimez pas, que vous n'aimerez jamais. Vous aimez un homme dont l'amour risque de vous coûter votre famille, votre situation et pour la satisfaction duquel il faudrait sacrifier tout ce qui a été jusqu'ici votre raison de vivre. Vous sollicitez un conseil? Comment vous le donnerais-je sans immédiatement me condamner au remords? Toutefois, je puis vous assurer que vous ne devez pas épouser Mr Raston. Il faut beaucoup s'aimer pour supporter les difficultés de la vie commune. Quant au Napolitain, c'est vous seule qui devez décider, c'est vous seule qui devez bâtir votre bonheur ou votre malheur. Qu'ajouter? Sinon que moi-même j'ai eu, autrefois, à procéder à ce choix, que j'ai manqué de courage et que, pour ma punition, je finirai seul, dans la peau d'un retraité besogneux. Le destin est impitoyable, Audrey, il ne pardonne pas et ne nous donne jamais deux fois la même chance.

CHAPITRE IX

Les lendemains de fête sont toujours tristes, surtout quand ils marquent une séparation. Giovanni partait pour les Amériques, ainsi que tant d'autres Italiens avant lui, dans l'espoir d'y édifier une fortune. Dans la maison du vicolo San Matteo, on parlait à voix basse comme s'il y avait eu un mort dans les chambres. Lauretta passait et repassait, semblable à une âme errante, dans la cuisine où la mama et sa sœur préparaient la pizza. Les deux femmes se taisaient lorsque la petite montrait son visage crispé par le chagrin. Mario, accablé, se sentait sans force et Dino n'était pas allé en mer. Quant à Aldo, il n'adressait la parole à personne. On aurait dit que la fuite d'Audrey lui avait ôté toute raison de vivre. En apprenant par le détail la scène entre la mama et la jeune Anglaise, il s'était borné à remarquer :

— Mama, je crois bien que, sans le vouloir, tu m'as tué...

Et il était sorti comme un fou, laissant Serafina — persuadée que son fils allait attenter à ses jours — s'arracher les cheveux en suppliant le ciel de venir à son secours. En fait d'envoyé céleste, il n'y avait eu que Mario pour se présenter dans la cuisine.

— Et alors, Serafina, t'es contente ? Ta damnée langue, hein ?

Tragique, elle l'avait regardé et d'une voix qu'il ne lui connaissait pas :

— Si mon fils se périt, moi je me tue cette nuit, quand les enfants dormiront ! Ils auront toujours le temps, les pauvres, d'apprendre qu'ils n'ont plus de mère !

Elle vivait la scène, elle voyait Benedetto, Bruna, Alfredo et Tosca appelant leur mama. Elle les contemplait à genoux près de son corps. Elle entendait leurs sanglots. Un pareil spectacle la fit tomber dans les bras de son mari qui fléchit sous le poids avant de mélanger ses larmes aux siennes.

— O Mario, qu'est-ce que tu feras de mon cadavre ?

Pris au dépourvu, Garofani préféra biaiser :

— J'aurai pas à m'en occuper, car je te survivrai pas !

Devant une telle preuve d'amour, la mama étreignit son époux :

— Mais les petits, alors, ils vont rester seuls ?

— Gelsomina s'en occupera !

Mais celle-ci n'était pas d'accord du tout.

— Dites donc, vous deux, si je veux élever des enfants, je me les ferai moi-même !

Avant que les Garofani aient pu répondre, Lauretta entra dans la cuisine :

— Gelsomina, tu voudrais pas préparer la

valise de mon Giovanni?... Moi, j'ai pas le courage...

La tante s'en alla remplacer sa nièce défaillante et la mama, reprise par la passion maternelle, essaya de consoler sa fille. Dégoûté, Mario s'en fut rejoindre Dino.

Aldo revint un peu avant le moment fixé pour le départ de son beau-frère qui, décidé à gagner seul le quai, préférait abréger le plus possible une scène qu'il prévoyait pénible. Dino l'approuva tandis que Mario s'en montra vexé. Quant à Aldo, il ne semblait pas s'intéresser à ce qui se passait autour de lui, mais loin de montrer un visage désespéré, il paraissait sourire à un rêve intérieur.

L'heure des adieux sonnait enfin. Accrochée à Giovanni, Lauretta hurlait son désespoir. Mario pleurait à chaudes larmes en voyant sangloter sa fille. Bouleversée, la mama gémissait. Les petits ne pouvaient demeurer en reste et les voisins, muets, écoutaient ce concert de lamentations qui les remuait et auquel ils mouraient d'envie de se mêler. Pressé d'en finir, Giovanni embrassa toute la maisonnée, remit sa femme aux bras de Gelsomina qui la tint étroitement serrée contre elle, promit à tous de magnifiques cadeaux et leur donna rendez-vous à New York dans quelques mois. Il se dirigeait vers la porte lorsque celle-ci s'ouvrit devant Rigo de Santis qui referma derrière lui.

— Bonsoir!

Ils étaient trop occupés de leur chagrin pour songer à lui répondre. La mama soupira :

— Giovanni s'en va...

Mario ajouta avec un brin de fierté :

— A New York!

— Je sais. A quelle heure ton train, Giovanni?

— A 21 heures.

— Alors, tu as encore un moment. J'apporte une bonne nouvelle... et je suis sûr que tu voudras l'entendre avant de nous quitter. Je connais le meurtrier de Rocco.

Instinctivement, ils tournèrent la tête en direction de Dino qui ne cilla pas. Giovanni posa sa valise sur le sol.

— Ça alors! Je pense bien que je veux apprendre la vérité avant de partir! Seulement, Rigo, dépêchez-vous que je rate pas mon train!

— Sois tranquille... Assieds-toi...

Giovanni obéit et Lauretta se précipita sur ses genoux. Rigo s'adossa à la porte. Tous le contemplaient sans presque oser respirer.

— D'abord, je suis au courant pour les diamants et les Signori... et laissez-moi vous dire que vous êtes des imbéciles! Les braves gens n'ont rien à faire avec les Signori! Alors, pourquoi vous associer à des crapules?

Ils baissèrent le nez, sachant que le cousin avait raison.

— Ensuite, l'attentat de Gênes ne s'explique que si les tueurs furent mis au courant par ceux qui savaient. Or, qui savait? Les Signori et vous. Il n'est pas possible de penser que les Signori, qui brassent des millions et des millions de lires, puissent s'abaisser à des crimes aussi insignifiants. Il faut donc que ce soit l'un de vous.

En écoutant cette affirmation prononcée d'une voix calme, ils se raidirént. Rigo ne leur apprenait rien de nouveau, mais ils avaient peur de ce qui allait suivre.

— Plusieurs d'entre vous, se basant sur l'affection de Dino pour Gelsomina, ont pensé que le vol n'était qu'une conséquence d'un crime prémédité pour se débarrasser de Rocco...

Seul, Dino paraissait ne pas se soucier de ce que racontait le cousin. Gelsomina tremblait sans arriver à se dominer. Aldo ne songeait plus à ses soucis personnels. Il épiait son oncle, prêt à lui sauter dessus s'il esquissait le moindre mouvement pour se lever.

— Seulement, j'ai toujours eu de l'estime pour Dino. Je refusais de le croire capable d'un crime aussi lâche. Bien sûr, Tino de Donatis a été tué avec son couteau, mais qu'est-ce qui prouvait que c'était lui qui s'en était servi ? Bien sûr, le corps de Montani a été trouvé près de sa barque, mais rien ne démontrait que c'était lui qui l'y avait amené ? Au contraire, cette obstination à compromettre Dino m'inclina à penser qu'on cherchait à lui faire endosser des crimes qu'il n'avait pas commis. En prenant le problème à l'envers et en s'en rapportant au récit d'Aldo, je suis arrivé à cette conclusion que le crime s'affirmait une conséquence du vol. Souvenez-vous : si Rocco n'avait pas réclamé je ne sais plus quoi, il n'aurait pas été tué. Entre nous, si les Signori avaient été dans le coup, leurs hommes auraient eu en leur possession ce qu'ils devaient donner à Rocco en échange des diamants...

Mario ne put se retenir :

— Alors, qui ?

— Le seul qui, lui, pouvait accepter de coller toute la famille dans le chagrin et le remords, sans trop s'en soucier puisqu'il avait depuis toujours l'intention de la quitter... toi, Giovanni !

Il se fit un court silence où l'on ne perçut que le bruit des respirations saccadées. D'abord médusé, Giovanni réagit :

— Non, mais... vous êtes cinglé, ma parole ?

— Tu ne voulais pas la mort de Rocco, tu ne souhaitais que les diamants. Si Mario avait accepté que tu te rendes à Gênes à la place d'Aldo, Rocco serait encore vivant et toi au diable avec ton butin !

D'instinct, ils formaient bloc contre Giovanni, l'étranger. Lauretta elle-même, le poing sur la bouche, s'était levée et reculait comme si son mari lui faisait horreur. Giovanni essaya de la retenir, elle hurla

— Laisse-moi, assassin !

— Vous avez pas le droit ! Vous entendez ? Vous avez pas le droit ! Vous espérez vous décharger sur moi parce que je suis pas un Garofani et celui-là — il montrait Rigo — il est prêt à tout pour que sa chère Fina n'ait pas d'ennuis ! Mais, bon Dieu, je me laisserai pas faire ! Il faut des preuves !

Toujours aussi calme, Rigo reprit :

— C'est toi qui es allé chercher Tino et Montani. Quand tu as vu que les Signori se fâchaient, tu as essayé de te débarrasser de Mario, espérant que les Signori se contenteraient de cette mort.

Gonflé de larmes devant tant d'ingratitude, Mario ne put que balbutier :

— T'as pas honte, Giovanni?

Le garçon haussa les épaules :

— Tout s'est gâté quand Tino a été repéré. Tu savais que si vous mettiez la main sur lui, il parlerait. Il fallait donc l'obliger à se taire. Tu l'as tué tandis que vous le poursuiviez, car il ne se méfiait pas de toi, son complice... et tu t'es servi du couteau de Dino que tu lui avais volé. Mais il restait Montani qui craignait Aldo, Montani à qui tu as sans doute soufflé qu'Aldo avait tué son copain. C'est pourquoi il a essayé de l'abattre pas loin d'ici, puis à Capri.

Dino n'eut que le temps d'empoigner Aldo qui voulait se jeter sur Giovanni. Imperturbable, Rigo poursuivait :

— Il fallait que tu te débarrasses de Montani et tu l'as tué comme tu as tué Tino, en toute quiétude. Tu étais au courant des soupçons de la famille concernant Dino.

Aldo cria :

— C'est lui qui nous en a parlé le premier!

Le policier hocha la tête.

— Tu es très fort, Giovanni, très fort... Tu avais une belle carrière de crapule devant toi. Et pourquoi n'as-tu pas voulu que ta famille t'accompagne à la gare?... Tu ne réponds pas?... Moi, j'ai dans l'idée que tu tenais à partir seul à la gare pour pouvoir passer chercher les diamants où tu les as cachés. Je me trompe?

— Et comment? C'est du vrai délire! Vous

affirmez, mais pas une preuve, hein? Pas une preuve!

— D'accord, je n'ai pas de preuve... mais j'ai raison.

— C'est pas vrai! Essayez donc de me traîner en justice et on verra!

— Tu sais très bien que je ne peux pas t'arrêter sans mettre tout le monde dans le bain.

— Justement! Alors, laissez-moi passer et allez raconter vos histoires ailleurs!

— Tu ne t'en tireras pas comme ça, Giovanni. Ça serait pas la première fois, qu'à Naples, nous condamnons sans preuve matérielle... comme ça, à a bonne franquette, entre nous. Rends les diamants et tu pourras te sauver?

La mama se dressa d'un jet :

— Se sauver? Jamais! Il m'a déshonoré ma fille et vous le laisseriez se sauver?

A son tour, Gelsomina se leva :

— S'il s'en va, je me tue pour vous faire honte de votre lâcheté à tous! Sa vie pour la vie de Rocco!

La sueur coulait le long des joues de Giovanni.

— Folles! Des folles! Tu es content, Rigo, de les exciter contre moi? Qui veux-tu donc protéger? Tu mens! Tu sais très bien que tu mens! Pourquoi?

– Non, Giovanni, il ne ment pas.

C'était Dino qui intervenait. Le pêcheur s'approcha :

— Rigo a raison, tu es un assassin. Je sais que t'as pas voulu la mort de Rocco et qu'après tu n'as tué que pour te défendre. Les diamants te suffisaient. Tu ne pouvais pas prévoir ce qui allait arriver. Et puis, tu as eu peur, Giovanni, tellement peur que tu as commis des bêtises. Comment as-tu supposé que je croirais à ton histoire d'Américains ? Il m'était facile, pourtant, de contrôler... Il n'y avait pas de yacht américain dans le port. C'est ce jour-là que j'ai compris. Aussi, je t'ai suivi à Rome quand tu es allé chercher ton billet d'avion pour New York en laissant croire ici que tu étais en visite aux îles. Ça te suffit comme preuve ?

— Non !

— Alors, si je te disais que j'ai trouvé les diamants ?

— Menteur !

— Ils étaient dans le coffre où tu enfermais tes souvenirs. C'est la querelle que tu as cherchée à Lauretta pour la perte de la clé qui m'a mis la puce à l'oreille Je m'y connais un peu en serrurerie. J'ai profité de ton absence et j'ai ouvert le coffre. J'ai vu les diamants. C'est pour ça que tu as prétendu que ta femme avait perdu la clé, tu ne voulais pas qu'elle puisse l'ouvrir ou te demander de l'ouvrir. Les diamants y étaient, Giovanni, avant que tu les mettes dans la ceinture que tu as achetée dans la via Lepanto à Rome et que tu portes sous ta chemise.

Brusquement, Giovanni sortit un revolver de sa poche.

— Ça va... Vous êtes très forts, Rigo et toi, mais pas assez malins pour m'empêcher de partir. D'accord, j'ai volé les diamants. Pour Rocco, c'était pas ma faute... Quant à Tino et Montani, sans intérêt. Alors, Rigo, tu me laisses sortir ou s'il faut que je te descende ?

— Descends-moi !

— Comme tu voudras !

— Non !

Dino reprenait la direction des opérations.

— Non, Giovanni, tu as assez fait de mal comme ça... Fiche le camp avec tes diamants, ils te porteront pas bonheur... Bouge pas, Rigo !

— Mais...

— Bouge pas ! Giovanni, je te jure que s'il tente de t'arrêter, je lui saute dessus !

Giovanni hésita, puis :

— J'ai peut-être tort, mais je te crois... Jurez-moi tous sur la Madona que pas un d'entre vous quittera cette pièce avant une heure, sinon, au point où j'en suis, je tire dans le tas !

Dino jura le premier et les autres suivirent. Gelsomina voulut refuser, mais Dino lui parla à l'oreille et elle jura. Rigo eut du mal à se soumettre ; il fallut une injonction de Dino pour l'y contraindre. Aldo se contenta de dire :

— Je m'en fous de jurer, Giovanni, où que tu ailles, je te rattraperai !

— Alors, ce jour-là, prends garde à toi !

Il se dirigea vers la porte à reculons :

— Lauretta, tu es la seule que je regretterai, mais j'ai trop envie d'aller en Amérique. Je veux une autre existence. Toi, tu es faite pour croupir ici. Bouffe de la pizza tout le reste de tes jours, ma fille, tu mérites pas autre chose. T'as pas assez de cran !

Lauretta ne pleurait plus.

— Tu es un monstre, Giovanni ! Tu me dégoûtes et je souhaite que tu pourrisses en prison !

Il eut un rire très jeune, très clair dont ils entendirent longtemps l'écho résonner en eux alors que Giovanni était déjà dehors. Dans le silence qui suivit, Dino déclara :

— Personne s'en ira d'ici avant une heure... Nous avons juré !

Rigo grogna :

— Pourquoi ne m'as-tu pas laissé lui sauter dessus ?

— Je tenais pas à ce qu'il te démolisse.

Rageur, Aldo remarqua :

— Il doit bien se foutre de nous ! Avec tous ces diamants, il pourra aller se cacher où il voudra... et pour le retrouver...

Les femmes ne parlaient pas, encore sous le coup d'une émotion qu'elles se rappelleraient toute leur vie. Pratique, Mario les ramena aux difficultés du moment :

— Que diront les Signori quand ils sauront que nous avons permis à Giovanni de se sauver avec les diamants ?

Dino le rassura :

— Ils diront rien. L'affaire est terminée. T'as plus à craindre quoi que ce soit, Mario, ni toi, ni les autres !

Décidément, Dino les étonnait ce soir. Garofani redoutait trop une déception pour croire tout de suite à sa chance.

— C'est pas possible, Dino ! Tant qu'ils auront pas les diamants...

— Ils les ont.

— Qu'est-ce que tu racontes ?

— Je les leur ai renvoyés. C'est Giovanni qui les leur a portés. Les Signori l'attendaient au bas de la maison.

— Tu les avais prévenus ?

— Oui. Il fallait venger Rocco, mais il valait mieux que d'autres que nous s'en chargent. C'est pourquoi, Rigo, je t'ai demandé de pas bouger. Cela aurait servi à rien... le châtiment était déjà en route.

Aldo avait accompagné Rigo au poste de police. Vers neuf heures, on leur signala la découverte du corps de Giovanni. Ils le firent ramener au vicolo San Matteo. On l'enterrerait comme s'il s'était bien conduit avec eux. Ainsi, les voisins ne sauraient jamais la honte des Garofani et croiraient à un nouveau malheur. L'inspecteur et Aldo revenaient paisiblement dans la nuit tiède et pleine d'odeurs.

— Grâce à Dino, tout s'est passé le plus facilement du monde. C'est quelqu'un de remarquablement intelligent, ton oncle. Il mériterait d'être autre chose que pêcheur.

— Qu'est-ce que ça fait s'il est heureux comme ça ?

— Bien sûr... Surtout que maintenant, il va pouvoir épouser Gelsomina. Pour Lauretta, elle est assez jeune pour oublier vite... Il n'y a que toi, mon pauvre Aldo... C'est vrai que ton Anglaise est partie ?

— Oui.

— Tu as beaucoup de peine?

— Non.

— Non?

Aldo respira largement le vent qui venait de la mer et songeant qu'il avait le soleil et Naples pour alliés, il annonça avec une ferveur qui toucha Rigo :

— Non, parce que je sais qu'elle reviendra.

Elle revenait.

A l'aéroport d'Ostie où elle attendait l'avion de Naples, Miss Farrington, installée au buffet, s'efforçait de ne plus penser à la scène violente qui l'avait opposée à son père. Elle ne voulait se souvenir que de la compréhension de Lucy, sa mère, l'approuvant de tout sacrifier à son bonheur et sa promesse de ne point l'abandonner. Sur le menu que lui tendait le garçon, elle lut : *pizza napolitaine.* Ces deux mots suffirent pour imposer la sympathique présence de la mama et Audrey commanda une pizza pour juger si elle valait celle de Serafina Garofani.

Reginald Helvett, maître d'hôtel du grill du Berckcley, consulta d'un œil discret la pendule qui marquait la demie de neuf heures. Il s'approcha avec solennité de la table où, depuis près de deux heures, Alan Raston attendait une Audrey qui ne viendrait jamais.

— Puis-je me permettre, sir, d'attirer votre attention sur le fait que bientôt nous ne pourrons plus servir?

Raston soupira :

— C'est bien, servez.

— Que prendrez-vous, sir ?

— Ce que vous voudrez...

— Ce soir, nous avons quelque chose d'un peu particulier. Aimez-vous la pizza, sir ?

Jamais Reginald Helvett n'aurait pu supposer qu'un gentleman d'allure aussi respectable pouvait prononcer un aussi horrible juron...

FIN

Les Reines du Crime

Nouvelles venues ou spécialistes incontestées, les grandes dames du roman policier dans leurs meilleures œuvres.

ALLINGHAM Margery
2147 La mode est au linceul
2170 Des fleurs pour la couronne

ARMSTRONG Charlotte
2074 Et merci pour le chocolat
1740 L'étrange cas des trois sœurs infirmes

BACHELLERIE
1795 Pas de quoi noyer un chat
(Prix du Festival de Cognac 1981)
1796 Il court, il court, le cadavre

BARNES L.
2126 Le blues de Miss Gibson
2193 Loin des yeux...

BLACKMON Anita
1956 On assassine au Mont-Lebeau

BRANCH Pamela
2131 Un lion dans la cave
2161 Comme un lundi...

BRAND Christianna
1877 Narcose

BROWN Rita Mae
2186 Morceaux choisis...

CANNAN Joanna
1820 Elle nous empoisonne

CHRISTIE Agatha
(86 titres parus, voir catalogue général)

CODY Liza
2138 Promenons-nous dans les bois
2208 Tête de noix
2202 Video-Dupe

CORNWELL Patricia Daniels
2092 Postmortem
(Prix du Roman d'Aventures 1992)
2120 Mémoires mortes

CURTISS Ursula
1974 La guêpe

DISNEY D.C. & PERRY G.
1961 Des orchidées pour Jenny

EEDY Clarice
2165 Est-ce possible?

GOSLING Paula
1971 Trois petits singes et puis s'en vont
1999 L'arnaque n'est plus ce qu'elle était
2088 Pour quelques flics de trop
2111 Larmes fatales
2178 On assassine au Paradis

HOWE Melodie Johnson
2095 La monnaie de sa pièce

HUGHES Dorothy B.
2043 Voyage sans fin
2070 La boule bleue

JAPP Andréa H.
2044 La Bostonienne
(Prix du Festival de Cognac 1991)
2119 Elle qui chante quand la mort vient

JAPP Andréa P.
2118 La petite fille au chien jaune
2166 C.S. Meurtres

JONES Cleo
1879 Les saints ne sont pas des anges

KALLEN Lucille
1836 Quand la souris n'est pas là...

LANGTON Jane
2037 Le poète meurt toujours deux fois

LAWRENCE Hilda
2160 Jeux de mains
2201 Le chien du manoir

LONG Manning
1831 On a tué mon amant
1988 Aucun délai

McCLOY Helen
1841 En scène pour la mort
1855 La vérité qui tue
2067 La vierge au sac d'or
2079 Celui qui s'échappa

McDERMID Val
2173 Le dernier soupir

MILLAR Margaret
1928 Le territoire des monstres
1994 Rendons le mal pour le mal
1996 Des yeux plein la tête
2010 Un doigt de folie

2151 Et vous me trouverez bien mort
2187 Omelette canadienne

NATSUKI Shizuko
1959 La promesse de l'ombre
(Prix du Roman d'Aventures 1989)
2039 Hara-Kiri, mon amour

NIELSEN Helen
1873 Pas de fleurs d'oranger

PARETSKY Sara
2103 Qui s'y frotte s'y brûle
2136 Sous le feu des protecteurs
2148 Une médecine pas si douce
2182 Un clergé pas très régulier

RADLEY Sheila
2058 A tous les coups l'on perd

RENDELL Ruth
1501 Fantasmes
1521 Le pasteur détective
1532 L'Analphabète
1563 L'enveloppe mauve
1589 Etrange créature
1601 Le petit été de la Saint-Luke
1616 Reviens-moi
1629 La banque ferme à midi
1640 Un amour importun
1649 Le lac des ténèbres
1661 L'inspecteur Wexford
1688 Le maître de la lande
1718 La fille qui venait de loin
1747 La fièvre dans le sang
1815 Morts croisées
1866 Les corbeaux entre eux
1951 Une amie qui vous veut du bien
1965 La danse de Salomé
1978 La police conduit le deuil
1989 La maison de la mort
2000 Le jeune homme et la mort
2015 Meurtre indexé
2036 Les désarrois du Professeur Sanders

RICE Craig
1835 Maman déteste la police
1862 Justus, Malone & Co
1899 Malone cherche le 114
1962 Malone met le nain au violon
2167 Malone à Manhattan

RUTLEDGE Nancy
1830 La femme de César

SAINT-CLAIR Valérie
2156 Sous l'épée de Damoclès

SIMPSON Dorothy
1852 Feu le mari de madame

TEY Josephine
2094 Jeune et innocent
2137 En trompe l'œil
2179 Le monogramme de perles

THOMSON June
1857 Finch se jette à l'eau
1948 Dans la plus stricte intimité
1995 Bouillon de minuit
2153 Les carnets secrets de Sherlock Holmes

UHNAK Dorothy
2093 Le Registre
2109 La main à l'appât
2152 Un très mauvais souvenir
2197 Témoin à décharge

ULLMAN A. & FLETCHER L.
2075 Raccrochez, c'est une erreur
2207 L'homme de la nuit

IMPRIMÉ EN FRANCE PAR BRODARD ET TAUPIN
Usine de La Flèche (Sarthe).
ISBN : 2 - 7024 - 1624 - 1
ISSN : 0768 - 0384

H 52/0358/3